MANHATTAN
by Goldmann

Buch

Annette Meyhöfer ist im deutschen Journalismus eine Ausnahmeerscheinung. Sie hat »einen scharfen, schonungslosen und kulturgeschichtlich weiten Blick« (Ursula März in »Die Zeit«), und sie hat eine eigene Sprache. »Die bislang als exzellente Literaturkritikerin hervorgetretene Autorin hat eine moderne Physiologie geschrieben... Alltagsgeschichten, die dem Buch das Futter für bitterböse Analysen und witzige szenische Details, für zynische Dialogfetzen und Aperçus liefern«, notierte Jürgen Busche in der »Süddeutschen Zeitung« über Meyhöfers Buch »Vom Glück der Geliebten«, »das Szenen, Dialoge, Reflexionen, Kulturgeschichte und Alltagsposten auf eine poetische und durchaus komische Weise mischt« (Andrea Köhler in der »Neuen Zürcher Zeitung«).

Diese Qualitäten zeichnen auch Annette Meyhöfers neues Buch aus. Mit Sprachwitz, Eleganz und subtiler Schärfe porträtiert sie Mütter und Geliebte, Halbseidene und Halbgebildete, Liebeswahn und Jugendkult, männliche Hybris und weibliches Delirium. Die Sommersaison auf Sylt, ein Abstecher nach Kalifornien oder das Zeremoniell einer Theaterpremiere sind ihr willkommene Anlässe, modische, kulinarische und amouröse Rituale zu entschleiern, Tabus zu verletzten und verworrene Pfade durch den Dschungel zeitgenössischer Sexualität zu schlagen.

Autorin

Annette Meyhöfer, geboren 1959, lebt in Hamburg. Sie studierte Germanistik, Philosophie und Romanistik in Frankfurt und Köln und promovierte mit einer Arbeit über die Literatur der Jahrhundertwende. Danach war sie einige Zeit Redakteurin beim »SPIEGEL« und arbeitete als freie Journalistin und Literaturkritikerin u. a. für die »Frankurter Allgemeine Zeitung«, »Focus« und die »Süddeutsche Zeitung« sowie für Rundfunk und Fernsehen. Inzwischen arbeitet sie wieder für den »SPIEGEL«. 1995 erschien ihr Buch »Vom Glück der Geliebten«.

Annette Meyhöfer

DIESER KATER WÄRE EINEN RAUSCH WERT GEWESEN

MANHATTAN
by Goldmann

Originalausgabe

Ein Publikationsnachweis findet sich
am Ende des Bandes

Umwelthinweis:
Alle bedruckten Materialien dieses Taschenbuches
sind chlorfrei und umweltschonend.

Manhattan Bücher erscheinen im Goldmann Verlag,
einem Unternehmen der Verlagsgruppe Bertelsmann

Originalausgabe

Die Nutzung des Labels Manhattan
erfolgt mit freundlicher Genehmigung
des Hans-im-Glück-Verlags, München
Umschlaggestaltung: Design Team München
Umschlagfoto: G + J/Photonica (19-111-4)
Satz: Uhl + Massopust, Aalen
Druck: Graphischer Großbetrieb Pößneck
Verlagsnummer: 54001
Lektorat: Georg Reuchlein
Herstellung: Sebastian Strohmaier
Made in Germany
ISBN 3-442-54001-1

1 3 5 7 9 10 8 6 4 2

Inhalt

EMPTY BED BLUES

Empty Bed Blues

Auf dem Kamin lagen zwei Briefe. Willkommen, meine Liebste, trink einen großen Wild Turkey für mich. Der andere Brief war vom Hotelmanager. Willkommen.

Kein größeres Glück als die Ankunft im Hotel, da alles möglich scheint, da die Zukunft vor einem liegt. Sie wollte sich ausruhen, ein paar Tage, eine Woche vielleicht, in dem Hotel, das sie liebte wie ein Zuhause, seit sie zum erstenmal dagewesen war.

Am meisten liebte sie den Garten, das Hotel war berühmt für seinen Garten, eigentlich ein Dschungel, vermutlich waren nachts Scharen von Mexikanern unterwegs, die Bougainvilleen und all die anderen Pflanzen, deren Namen sie nicht einmal kannte, daran zu hindern, daß sie allmählich die rosafarbenen Bungalows, die hier die Zimmer waren, überwucherten; tagsüber hatte sie nie einen Gärtner gesehen.

»Könnten Sie mir bitte noch ein paar Kleiderbügel bringen, so etwa dreißig, Zimmer 365.« Zimmer 365, ist Ihnen das recht, hatte die Rezeptionistin in der rosaweißen Uniform des Hotels sie gefragt. Als kenne sie sich aus in dem Hotel; in Wahrheit war sie nur einmal hier gewesen, fünf Tage mit ihm im August vor fast zwei Jahren. Das Zimmer war kleiner, als sie erwartet hatte, doch es hatte eine

Terrasse und den Kamin, den sie niemals anmachen würde.

Und es hatte all das Unpersönliche, das ihr Hotels so lieb machte und teuer, die geblümten Tapeten, die ebenso geblümte Bettdecke, die großen Spiegel im Badezimmer, die Seifen; wie Schwäne waren sie geformt. Zu Hause, in ihrem Badezimmer, lagen noch zwei davon. Sie sammelte auch Aschenbecher, mit den Namen der Hotels und Restaurants, die sie besucht hatte.

»Sie bleiben allein?« Der Kellner räumte das zweite Gedeck ab. »Möchten Sie vielleicht ein Glas Champagner?« Von Champagner bekam sie Magenschmerzen, andererseits verlangte das Glück nach Champagner, mir zur Feier: George, nein, oder Rilke, davon wurde ihr noch übler. »Ja bitte, und nur etwas Salat, ja, Ruccola mit Parmesan, und vielleicht ein wenig Fisch, etwas ganz Leichtes, ich bin heute erst angekommen und müde von dem langen Flug.«

An den meisten Tischen in dem Restaurant direkt über dem Schwanenteich bemühten sich ältere Männer, grauhaarig und schmal, mit der Routine vieler Ehejahre um ihre Gattinnen, die so sorgfältig frisiert und geschminkt waren; niemals würde ihr dies gelingen. Niemals würden jene sie für ihresgleichen ansehen, dennoch könnte sie, wofür nichts außer ihrem Alter sprach, eine Frau sein, die gerade ihren Gatten verlassen hatte und Asyl suchte im Hotel; oder er hatte sie verlassen. Oder sie war ihm, im Gegenteil, nur vorausgefahren, er noch in Geschäften festgehalten; niemals würde sie dafür gelten, sie war in jenem Alter, da es Ehemänner im Ausverkauf gab, für einen

Abend oder auch länger, einmal die Woche und auf Jahre. Vielleicht konnte man sie für eine Geschäftsfrau halten, schon einen Tag früher angereist, um sich auf einen wichtigen Termin vorzubereiten. Morgen arbeitete niemand, morgen war Unabhängigkeitstag.

Sie trank noch drei Glas Champagner, sie hatte sich diese Reise verdient, und in der Bar bestellte sie einen doppelten Wild Turkey, »mit Eis und Soda bitte«, die Kellnerin hatte sie feindselig angesehen, später, wenn sie die Rechnung verlangte, würde man wissen, daß sie im Hotel wohnte. Dreimal hatte sie die Reise verschieben müssen, jedesmal waren die Kopfschmerzen davor unerträglich geworden, und eigentlich hatten sie sich hier treffen wollen, wie damals; er hatte sie vertröstet, um ein, zwei Tage, um eine Woche schließlich, und dann sagte er ab, am Abend, bevor es endgültig losgehen sollte, ihre Kleider lagen schon gefaltet auf dem Bett; zwei Tage hatten die Kopfschmerzen diesmal gedauert.

»Sie sind innerlich zerrissen«, sagte ihr Psychiater, der ihre Reisetermine nie gebilligt hatte, weil er nur im Juli Urlaub machen konnte. »Und dann sehen wir uns sechs Wochen nicht.« Nun waren sie zur selben Zeit verreist. »Vielleicht könnte ich mich verlieben«, sagte sie ihm zum Abschied. Dagegen hatte er nichts einzuwenden. »Es ist wichtig, eine Perspektive zu haben.«

»Ich fange mir einen reichen Mann«, hatte sie ihren Freundinnen gesagt.

In der Bar saßen dieselben soignierten Veteranen und andere, mit jüngeren Frauen in engen, tief ausgeschnittenen schwarzen Kleidern, vielleicht gab es auch einen Ausverkauf an schwarzen Kleidern, dafür waren die Frauen vermutlich nur gemietet für diesen Abend.

»Verzeihen Sie, der Herr dort hinten neben dem Klavier fragt, ob er Sie zu einem Whiskey einladen darf.« Sie hatte ihn noch gar nicht gesehen, es war zu dunkel in der Bar, und wenn er nun der Falsche wäre, und sie müßte den Rest der Woche mit ihm verbringen; sie wollte sich die Zukunft nicht verderben.

Er hieß Paul und trug eine billige blaurot gestreifte Krawatte. Aber auch Bill Gates trug billige Anzüge, hatte sie gelesen. Paul bestellte Rotwein für sich, »nur ein kleines Glas, und dazu ein großes Glas Eiswasser«. Er verkaufte Schmuck, und abends kam er öfter in die Bar, um Musik zu hören, die alten Lieder, »As Time Goes By«, Repertoire der Barpianisten auf der ganzen Welt, oder, was dieser gerade spielte, »Killing Me Softly With His Song«.

»Wieso tragen Sie eigentlich keinen Schmuck, alle Frauen lieben Schmuck, und sehen Sie, alle Frauen hier tragen Schmuck. Wohnen Sie wirklich im Hotel?«

Sie bekam plötzlich eine Erkältung. Er empfahl Rotwein und ein heißes Bad. Es tat ihr schrecklich leid, sie wollte niemanden anstecken, und sie konnte gar nicht mehr sprechen. Einen schönen Abend noch.

Sie bestellte noch einen Whiskey und die Rechnung, Zimmer 365, nein, das mußte ein Irrtum sein, sie hatte keinen Rotwein getrunken, ja, der Herr neben dem Klavier hatte einen bestellt.

»Natürlich habe ich dein Fax bekommen, ich habe mich so darüber gefreut, ich wollte nur nicht mitten in der Nacht anrufen. Unseren Wild Turkey habe ich getrunken, und die Schwäne sind auch noch da. Wirklich, ich habe alles gut überstanden, es war so lieb, daß du mich zum Flughafen gebracht hast. Aber jetzt nehme ich ein Melatonin und eine Schlaftablette. Nein, weck mich ruhig um neun Uhr, Zimmer 365, ich muß morgen früh noch Sonnenöl kaufen, irgendein Geschäft hat sicherlich geöffnet, Barneys oder Saks, bis gleich, ich umarme dich auch. Und ich küsse dich viele Male.«

»Vielen Dank, stellen Sie das Wasser ruhig dahin, und einen Aschenbecher bräuchte ich auch noch, bitte.« Außer Troy, weißgekleidet wie ein Tennisspieler früherer Zeiten, niemals würde man auf die Idee kommen, ihn einen Bademeister zu nennen, waren nur zwei Männer am Swimmingpool, von denen der eine, stark gebräunt, in einer engen Badehose mit goldenen Schlangen, sich gerade einölte, während der andere, blaß und blond, an einem Tisch im Schatten auf einen Laptop eintippte. Gelegentlich rief er dem Dunklen etwas zu, was wie Holländisch klang. Troy verteilte Handtücher über die Liegestühle. Vielleicht konnte sie es jetzt wagen: Wenn sie sich hinlegte und im Liegen den Rock herunterzog, und wenn sie sich dann gleich auf den Bauch drehte. Sie hatte sich bei Barneys eigentlich einen neuen Bikini kaufen wollen, sie hörte nie auf zu hoffen, bis sie sich im Spiegel sah; statt dessen hatte sie Schuhe gekauft, schwarz und aus Satin, mit winzigkleinen Absätzen. Der Bikini, den sie trug, war auch schwarz.

Damals, vor zwei Jahren, als sie neben ihm am Swimmingpool lag, hatte sie immer einen roten Bikini getragen, der eigentlich viel zu klein war, ohnehin war sie schon damals mehr für Badeanzüge geschaffen, aber er hatte über ihre Bedenken gelacht, »wir müssen an unserer Bräune arbeiten«; seine Badehose verschwand fast unter seinem Bauch. Am meisten aber hatten sie gelacht über die beiden Frauen, die ihre Bikinis beinahe jede Stunde wechselten, die eine trug dazu stets eine weiße Kapitänsmütze, und die sich in einem seltsamen Englisch, dessen Ursprung sie nicht identifizieren konnten, mit einem Franzosen unterhielten, der fast ebenso gebräunt war wie der Mann in der Schlangenbadehose, nur behaarter. Sie verstanden eigentlich nur London, Paris, Rom, Savoy, Lorenzo's, George V., Calvin Klein, Armani, Missoni. Das waren natürlich auch keine Schlangen, das waren Medusenhäupter. Versace.

Inzwischen waren fast alle Liegestühle und Tische besetzt, Ladies beim Lunch, Chanel oder Thierry Mugler, eine Frau in einem gelben Bikini, mit einer Art Schürze um die Hüften, die einen breithüftigen Mann in bunten Shorts umarmt hielt; schlanke, grauhaarige Männer, die telefonierten, vielleicht hatten sie für heute abend noch keine Begleitung. Sie rückte ein wenig höher in ihrem Liegestuhl, sie hatte junge Männer nie leiden können. Vielleicht sollte sie jetzt ins Wasser gehen, es waren nur zwei Meter bis zu der Leiter, und sie konnte den Bauch einziehen. Aber ausgerechnet jetzt legte die Gelbe die Schürze ab, darunter trug sie einen Tanga, ungeheuer winzig, und auch im Wasser ließ sie den Mann nicht los.

Während sie damals noch immer über die Herkunft der

beiden Frauen gerätselt hatten, schon ein wenig ermüdet von all den Namen und Marken, war eine dritte hinzugekommen, blasser als die anderen, meist lag sie etwas abseits im Schatten und schien nicht einmal Dolce & Gabbana zu verstehen, aber am nächsten Morgen saß sie an einem der Tische beim Frühstück mit einem fetten, weißhäutigen und nicht mehr ganz jungen Mann, der niemals aufhörte zu telefonieren, sogar ins Wasser nahm er das Handy mit. »Weißt du, wer das ist, das ist Robert Gottlieb, ich habe dir von ihm erzählt, hallo, Robert.« Sie erinnerte sich an eine Anekdote über einen William-Morris-Agenten, der nach Europa nur mit der Concorde flog, weil er seiner Firma 50.000 Dollar die Stunde verdiente und ihr so eine Menge Geld sparte. »Und jetzt weiß ich auch, was das für Frauen sind, Russinnen sind das, irgend jemand hat erzählt, daß sich Robert von der letzten Moskaureise eine Frau mitgebracht hat, die er in einem Hotel kennenlernte, und er hat sie sogar geheiratet. Vermutlich sind die alle aus russischen Hotels, und während ihre Kerle in Geschäften unterwegs sind, werden sie hier über die Woche geparkt.« Sie überlegte sich, ob sie russisch lernen solle.

Die Gelbe bestellte Margaritas, wenigstens küßten sie sich nicht mehr, statt dessen lasen sie: Er hatte eine Microsoft-Broschüre vor sich, sie »Star Trek IV«. Wie angelte man sich einen Mann, wenn die verfügbaren Männer, sobald sie aufgehört hatten zu telefonieren, durch den Swimmingpool kraulten, Kopf unter Wasser? »Sie leiden darunter, daß Ihre Mutter Sie als Kind nicht beachtet hat, eine Art Aschenputtelsyndrom«, hatte der Psychiater gesagt.

Aber wenn sie gerade jetzt jemand beachtet hätte, ein

durchtrainierter Fünfzigjähriger? Sie zog ihren Bademantel an. Morgen würde sie ganz früh aufstehen und schwimmen, mindestens zwanzig Bahnen, besser dreißig, und am späten Nachmittag, wenn alle gegangen waren, noch einmal, und dazwischen würde sie an ihrer Bräune arbeiten; worauf es wirklich ankam, waren die Abende. »Nein, danke, ich habe noch Wasser, aber vielleicht eine frozen margarita, ja, mit Salz, und einen Hamburger.«

»Ach, es gibt nichts Herrlicheres als frozen margaritas, aber ich bekomme immer Kopfschmerzen davon, wegen der Kälte, nimm du doch eine, ich weiß jetzt, was sich trinke, einen Mai Tai bitte, und für dich, Gabriele, einen Mango-Daiquiri?«

»Ich freue mich so, euch zu sehen. Wie seid ihr bloß so schlank geworden, müßt ihr euch nicht alle Kleider neu kaufen, die Hosen schlottern ja nur so.«

Johannes und Gabriele aßen, seit sie in Kalifornien waren, abends nur noch Salat, »und mittags ein bißchen Fisch und allenfalls eine gebackene Kartoffel«.

»Ich wollte, ich wäre so dünn, aber ich könnte nur abnehmen, wenn ich großen Kummer hätte oder eine neue Liebe. Die Toilette ist dort hinten, wenn du den kleinen Weg entlang gehst.«

Sie waren seit Jahren befreundet, früher war sie in Johannes immer ein wenig verliebt gewesen, als er noch Schauspieler war, kein besonders guter, inzwischen verdiente er viel Geld als Fernsehproduzent. Und sie traf sich häufiger mit Gabriele allein, die sie stets ein wenig beneidete, weil ihr alles im Leben zu gelingen schien; die beiden waren seit fünfzehn Jahren verheiratet, und sie mochten einander noch immer, die Kinder, Timmy und Nina, waren klug und witzig, sie unterhielt sich gern mit ihnen, Nina war richtig hübsch geworden im letzten Jahr, und Gabriele hatte inzwischen sogar eine Dozentenstelle für amerikanische Gegenwartsliteratur.

»Geht es euch denn gut hier? Wie lange bleibt ihr in Kalifornien, und was macht dein neuer Film?«

»Wißt ihr, wem ich eben begegnet bin?« Gabriele glühte. »Kim Basinger und Alec Baldwin und dem Baby, aus einem der Bungalows da drüben sind sie gekommen, das mußt du dir anschauen, laß uns in die Richtung gehen, vielleicht sehen wir sie noch einmal.«

Sie gingen, mit gesenktem Blick, an Kim Basinger, Alec Baldwin und dem Baby vorbei.

»Weißt du, ob das Bananenstauden sind?«

»Hast du gewußt, daß er seit einem Jahr eine Geliebte hat, sie ruft ununterbrochen an, und er ist ganz gerührt, ist sie nicht lieb, hat er zu mir gesagt. Guck mal, jetzt gehen sie zum Swimmingpool, laß uns zurück … Ich habe ihm gesagt, das hier ist deine letzte Chance, und du rufst sie nicht mehr an, sie ist zwanzig Jahre jünger als er, was findet er bloß daran, so eine Maus zu ficken.«

»Probier mal, mein Schatz, das ist ein Singapore Sling.«

»Hast du gesehen, was Kim Basinger für eine Jeans anhat, die schlottert ja nur so um die Hüften, so etwas würde ich mich nie zu tragen trauen, und er sieht richtig fett aus, guck mal, die Haare quellen ihm aus dem T-Shirt. Das muß ich unbedingt Nina erzählen, sie schwärmt so für ihn.«

»Vermutlich hätte ich sie nie erkannt, wenn ihr nicht da

wärt, vielleicht hat den ganzen Tag Warren Beatty neben mir gelegen, und ich habe es nicht gemerkt, du kannst sie aus meinem Zimmer anrufen, 365, hier hast du den Schlüssel.«

Sie fragte Johannes noch einmal nach seinem Film, irgendeine Geschichte über einen Mann, der ein Jahr in einer Hütte in den Bergen verbringt, ganz allein mit seinem Hund.

»Hast du je ›Walden‹ gelesen von Thoreau?«

»Vielleicht werde ich sogar selber Regie führen. Irgendwie ist Kim Basinger doch unglaublich schön. Herrlich. Ich glaube, danach möchte ich einmal einen Film machen über das Telefon, wie jemand süchtig danach wird, nach einem Anruf, daß es endlich klingelt, es gibt keine schrecklichere Folter als das Telefon.«

»Gibt es das nicht schon von Cocteau? Oder von Dorothy Parker?«

»Nina hat gefragt, ob wir mit Alec Baldwin und Kim Basinger gesprochen haben, natürlich nicht, aber, hat sie dann gemeint, in Amerika sagt man doch ›Hi‹, wenn man an jemandem vorbeigeht. Wollen wir jetzt ins Kino?«

Der Film hieß »Die Wahrheit über Hunde und Katzen«, ein Hundebesitzer verliebt sich in die Stimme einer Rundfunk-Tierpsychologin, die aber, weil sie klein und pummelig ist, zur ersten Verabredung ihre Nachbarin schickt, die groß und blond und blöd ist, Uma Thurman, aber am Ende kriegt ihn natürlich das kluge Pummelchen.

»Meint ihr, das war nun eine politisch korrekte Komödie? Für unsere vollschlanken, speziell aussehenden Mitbürger? Aber, na gut, früher habe ich mich auch immer darüber gewundert, warum Marlene Dietrich in ›Venus in Blond‹ unbedingt zurück will zu ihrem eifersüchtigen, häßlichen Gatten, genau, Herbert Marshall, der sie quält und ihr sogar das Kind weggenommen hat. Dabei hätte sie einen Millionär haben können. Cary Grant, nun gut, der war...«

»Aber die Kleine war doch süß, wie hieß sie noch?«

»Du hättest natürlich trotzdem den langen Blondinenwitz genommen, so sind die Kerle.«

»Kennt ihr den? Spielen zwei Blondinen Schach.«

»Wollt ihr nicht vielleicht doch etwas essen, zu dem Club-Sandwich gibt es Kartoffelsalat, den besten, den ich je gegessen habe.«

»Morgen früh auf der Waage würde ich mich dafür hassen, ich trinke nur ein Corona und einen Fernet. Das ist die schönste Bar der Welt, so herrlich düster, und vor ein paar Jahren hatten sie einen Pianisten, nein, tut mir leid, ich habe mein Jackett vergessen, ja, bitte, bitte bringen Sie mir eins.« Das Leihjackett war zwei Nummern zu klein, und auf die Brusttasche war das Wappen des Hotels gestickt, zwei ineinander verschlungene Schwäne. Er wollte es am liebsten behalten.

»Wie kannst du nur so etwas essen, das Brot ist doch ekelhaft dick?«

»Aber dein Kartoffelsalat ist wirklich herrlich. Darf ich noch ein Bier trinken, mein Schatz?«

»Wir haben den Kindern versprochen, daß wir vor zwölf zu Hause sind. Vielleicht sehen wir dann noch etwas vom Feuerwerk. Heute ist doch Unabhängigkeitstag.«

»Habe ich dich geweckt, mein Liebling, verzeih, ich hatte es dir ja versprochen, du bist schon auf, hast du gewußt, daß Johannes eine Freundin hat, sie ist zwanzig Jahre jünger als er, und ganz verrückt ist er nach ihr ja, Alterswahn, ich weiß, daß du nicht auf solche Kinder stehst, Gott sei Dank, und Gabriele nörgelt die ganze Zeit an ihm herum, aber unglaublich abgenommen haben sie, ich weiß nur nicht, ob ihnen das wirklich steht, ja, ich versuch' jetzt zu schlafen, ich vermisse dich, vielleicht schaffst du es ja noch, mich anzurufen, bevor du wegfährst, oder vielleicht kannst du am Wochenende in eine Telefonzelle, warte, ich geb dir die Nummer meiner AT&T-Karte, dann ist es billiger, und ich laß mir alle Anrufe zum Pool durchstellen, ja, das geht, 34688893333, und die PIN-Nummer ist 1103, ich küsse dich auch, mach alles ganz gut, bis bald.«

Schlimmer nur als jene Nächte, da man sich schlaflos hin- und herwälzte, in einem viel zu breiten Bett, und immer war die Bettseite, auf die man sich gerade drehte, ganz kalt, noch viel schlimmer waren die Nächte, da einer neben einem lag und man seine regelmäßige Atemzüge hören mußte, und man wußte, man würde niemals schlafen. »Es macht mir überhaupt nichts aus, wenn du noch liest«, sagte er immer, »du weißt doch, das Licht stört mich nicht«, wie könnte es ihn stören, wenn er schlief. Eine Weile hatte sie behauptet, sie könne nur einschlafen, wenn sie sein Schnarchen hörte, er wollte es ihr auf Tonband aufnehmen, jetzt lief sie nachts immer durch die Wohnung, vermutlich hatte sie schon mehrmals einen Marathonlauf zurückgelegt.

In Hotels war es noch schlimmer, meistens waren die Lampen zu grell, einmal hatte sie ihre Koffer gepackt und wollte zum Flughafen, um drei Uhr früh, weil sie es nicht mehr aushielt. Schließlich hatte sie sich für ein halbes Jahr von ihm getrennt, weil sie sich, wenn sie beide nicht schliefen, miteinander schliefen sie ohnehin damals schon lange nicht mehr, ständig stritten.

In jenem halben Jahr beschaffte sie sich heimlich Schlaftabletten von einem befreundeten Neurologen, ihren Psychiater wagte sie nicht darum zu bitten, und sie hatte fünf Liebhaber, von denen der erste impotent war; als sie sich nach dem halben Jahr wiedertrafen und sie ihm davon erzählte, niemals die ganze Wahrheit, ermahnte er sie, so etwas sage man nicht, das sei Frauenstammtischgerede, aber man mußte einander doch informieren. Der zweite war nur bei ihr impotent, der dritte ließ es erst gar nicht darauf ankommen, was sie beim erstenmal noch auf Trunkenheit zurückführte, beim zweitenmal gestand er ihr, daß er seit drei Wochen zum Psychiater ging, jeden Tag, um endlich sein Doppelleben zu bewältigen, er hatte eine Ehefrau und seit Jahren eine Geliebte. Der vierte lebte achthundert Kilometer weit weg, und nach drei Wochen warf er ihr vor, sie seien einander zu nahe gekommen; als sie sich das letzte Mal verabredet hatten, erkrankte er an einer Venusmuschelvergiftung.

Den fünften, der eigentlich chronologisch der erste gewesen war, und sie war noch immer ein wenig verliebt ihn ihn, jedesmal, wenn sie ihn sah, einmal die Woche, weil er groß und blond war und grüne Augen hatte, der fünfte sagte ihr, daß sie sich nicht in ihn verlieben dürfe, er sei nicht gut für sie, ein Autist; für einen Autisten aß er zum Frühstück ungeheuer viel, zwei Brötchen mit Schinken und Käse und am liebsten Krabben in Mayonnaise, sie konnte morgens nie etwas essen, vielleicht war sie, was ihr Liebesleben anging, in Wahrheit Mutter Teresa, fütterte die einsamen Wölfe. Wenn sie miteinander schliefen, schrie er immer, nein, das darfst du nicht tun, nein, nein.

Als sie dem Psychiater von ihren Schuldgefühlen erzählte, weil sie sich, nachdem sie längst mit ihrem Freund versöhnt und auch schon wieder zerstritten war, noch immer gelegentlich mit dem Autisten traf, erklärte er ihr, daß ihr Freund ihre Mutter sei. Aber welche Rolle dann der Autist spiele? Er war ihr großer Bruder. Sie hatte nie einen Bruder gehabt, und ihre Mutter hatte sie doch nie geliebt? Deshalb könne sie nicht loslassen, das sei kein Widerspruch. Wann sie denn ihren Vater treffe? »Soweit sind wir noch lange nicht.«

Auf immer und ewig würde sie sich in diesem Bett herumwälzen, nie wieder könnte sie schlafen, vielleicht war das alles nur die Strafe dafür, daß sie entschlossen war, ihn zu betrügen, ihn schon auf dem Flughafen betrogen hatte, als sie sich weinend von ihm verabschiedete, »ohne dich kann es niemals schön sein«. Vielleicht könnte sie ... wenn du dich einsam fühlst, weißt du ja, wie man seine Hände gebraucht, hatte er ihr vor der Reise gesagt, aber sie war nicht sehr phantasiebegabt, und das einzige Buch, das sie mitgenommen hatte, handelte von Serienkillern. Sollte sie an Troy denken?

Beim erstenmal hat man Todesangst, behauptete sie stets, mußte man ja haben, vor allem, wenn er jünger war, die wenigsten in dem Alter waren so diskret, sich im Nebenzimmer auszuziehen, sie hatten ja nichts zu verbergen, man könnte allenfalls einander mit geschlossenen Augen die Kleider herunterreißen, ihn auf sich zerren, aber irgendwann müßte man die Augen doch wieder öffnen, vermutlich gerade in jenem Moment, da sein Blick ihren Bauch streifte. Die Jüngeren hätten eine subtilere Erotik, hatte sie irgendwo gelesen, alles kam auf die Hüftknochen an, aber wenn man seine Hüftknochen schon vor Jahren verloren hatte?

Und wie sollte man einem neuen Liebhaber erklären, zieh dich jetzt an und geh nach Hause, damit ich eine schlaflose Nacht verbringen kann ohne dich. Vermutlich müßte man den Typ erst noch wecken, vielleicht schliefen Männer nur mit einem, damit sie schlafen konnten.

Wenn aber die Jungen, mit den schönen, glatten Körpern und der weichen Haut, ohnehin ausschieden, wenn man sich auch nicht für Netzhemden interessierte, eine Freundin hatte ihr einmal gestanden, daß sie von Taxifahrern träume, und wenn die Alten nun alle längst im Tiefschlaf lagen, am Busen ihrer Gattinnen oder für tausend Dollar die Nacht?

Von wegen Aschenputtelsyndrom, darüber gab es Bücher, die waren Bestseller, die hatte sie gelesen; vielleicht gab es ein bestimmtes Kontingent an Liebhabern, und sie hatte ihres mit zwanzig schon erschöpft, nur war sie damals zu jung und zu dumm gewesen, hatte es nur allen recht machen wollen, nun war das Guthaben erschöpft, und sie mußte sich mit fünfunddreißig Jahren auf die Couch legen. Vielleicht konnte sie jetzt genauso gut aufstehen und auch einen Bestseller schreiben: Die Dornröschen-Therapie oder Wie Sie ihn im Schlaf erobern.

Sie war krank, ihr Hals schmerzte. »Und dann gehen wir noch zum Hermes, und abends haben wir einen Tisch im…«, irgendwie klang der Name des Lokals wie Schbago, sicher hatte sie Fieber. »Wo ist eigentlich hier der Gudschi?« Vorsichtig öffnete sie die Augen, sie waren direkt hinter ihr, drei fette junge Männer, über die Reste eines Frühstücks gebeugt, auf dem Tisch stand eine Champagnerflasche, und vom Swimmingpool winkten ihnen zwei bebauchte blonde Wesen in blaßblauen Bikinis mit Silberstickerei zu, MCM las sie unter der nicht vorhandenen Taille der einen.

Bitte, lieber Gott, laß jetzt nicht das Telefon klingeln, nicht gerade wenn der dunkelhaarige Mann, der aussieht wie Johnny Depp, an mir vorübergeht, aber natürlich konnte das Telefon in keinem anderen Augenblick klingeln »nein, ich kann nicht reden, ja, Halsschmerzen, ruf mich in zwei Minuten auf dem Zimmer an«. Er führte einen Cockerspaniel an der Leine und ging zu einem Liegestuhl im Schatten, auf dem ein Buch lag. Wie sah Johnny Depp eigentlich genau aus?

Auf der kleinen Straße, direkt vor dem 300er-Bungalow-Block, parkte eine weiße Stretch Limousine, daneben stand ein Kameramann, und eine Frau schrie etwas in ein Megaphon. Wie sollte sie da jetzt vorbeikommen, sie hatte doch nur einen Bademantel an? Beinahe rannte sie die junge Frau in Weiß um, die, obwohl sie einen Schleier vor dem Gesicht trug, eine Schwester des MCM-Mädels sein mußte und der anderen, älteren Frau in dem blaßrosa Kostüm mit Goldknöpfen gerade übersetzte: »Mutti, sie hat gesagt, du mußt als erste in das Auto einsteigen.«

»Ja, wie in einem Altman-Film? Hast du nie gesehen? ›Hochzeit‹, die Hochzeitsmanagerin war Geraldine Chaplin, verstehst du, deshalb wollte ich nicht sprechen, sie sollten nicht merken, ja, blöde, verzeih, wie lieb von dir, daß du trotz all der Schwierigkeiten angerufen hast, ich weiß, du mußt Schluß machen, nein, heute abend habe ich nichts Besonderes vor, morgen treffe ich Johannes und Gabriele und die Kinder im Chinois, ich bringe dir einen Aschenbecher mit, bis bald.«

Als sie zurückkam zum Swimmingpool, winkten ihr zwei fette junge Männer mit der Champagnerflasche zu, vermutlich war der dritte der Bräutigam gewesen. Der Mann mit dem Cockerspaniel telefonierte, er verlangte eine Nummer, die mit 213 begann, 213 war Hollywood. Sie versuchte zu lesen: »In den letzten Jahren jedoch ist eine andere Art von Gewaltverbrechern ans Licht getreten – der Serienmörder, der mit seinen Taten oft erst aufhört, wenn er gefaßt oder getötet wird, der aus Erfahrung lernt und in dem, was er tut, meist immer besser wird.«

Troy flirtete mit einer Chinesin in einem schwarzen Tanga, sie hatte nie eine Frau mit einer so schmalen Taille gesehen. Die im gelben Tanga las immer noch »Star Trek IV«, vermutlich war ihr Busen so echt wie ihr Geturtel mit ihrem beleibten Mann, die war keine Konkurrenz. Aber all die anderen, noch nie waren so viele Frauen am Swimmingpool gewesen, sie sah es erst jetzt, und all diese Frauen hatten schlanke Taillen und schmale Hüften, eine Invasion der Hüftknochen, vermutlich ließen sie sich einmal im Jahr Fett absaugen, und sie alle hatten üppige Busen, Amerikaner mochten das, das las man überall; vielleicht wenn sie das Buch auf den Bauch legte... »Sie haben eine richtig gute Farbe inzwischen«, sagte Troy, als er ihr die Margarita brachte.

»Serienmorde sind möglicherweise ein weit älteres Phänomen, als wir glauben... Es liegt zum Teil daran, daß sie meist von weit komplexeren Motiven als den oben erwähnten ›klaren‹ Gefühlen getrieben werden.« Der Mann mit dem Cockerspaniel ging an ihr vorüber, vermutlich direkt nach Hollywood. Vielleicht konnte man sich ambulant Fett absaugen lassen.

Sie kaufte sich statt dessen Schuhe, silberne Pumps, so weich wie Handschuhe, mit zwölf Zentimeter hohen Absätzen. Und sie ging in die Peninsula-Bar, dorthin gingen jetzt fast alle, hatte sie gehört, und vor allem gingen Männer hin, sie drängelten sich um die Theke, Männer in Anzügen oder in Polohemden, junge Männer, ältere Männer, sie saßen an den kleinen Tischen, zu dritt, zu viert. Sie bestellte einen Gin Tonic, vielleicht hatte sie das falsche Hotel gewählt, sich für Schönheit und den Luxus der Erinnerungen entschieden; auf jede Frau hier mußten mindestens fünf Männer kommen. Warum schauten diese Frauen dennoch so gierig, und ununterbrochen bleckten sie die Zähne, Männer hielten dies sicher für ein einladendes Lächeln, keiner hier sollte es wagen, sie einzuladen, ein Fleischmarkt war das, und die Frauen sahen aus wie Heidi Fleiss' schlauere Schwestern, sie wollte nach Hause.

Auf dem Parkplatz drängten sich die Limousinen, junge Männer in dunklen Anzügen oder im Smoking, Frauen in Abendkleidern oder pastellfarbenen Kostümen mit großen Hüten strömten über die kleine Brücke, die zum Hotel führte, auf dem Rasen neben dem Schwanenteich waren Stühle und Bänke aufgestellt, und in der Mitte stand ein kleines Podest. Die Bar war fast leer, einen Whiskey bitte, inzwischen kannte man sie, eine höfliche, freundliche Person, die zuviel Trinkgeld gab und ihre Abende lieber allein verbrachte. Vielleicht hätte sie sich einfach unter die Partygäste mischen können, aber sie genoß es, allein zu sein, und sie wollte sich diesem Gefühl ganz hingeben, einer Mischung aus Stolz und nur ein wenig Weinerlichkeit, sie war weitgekommen, und die Zukunft lag noch immer vor ihr, eine Zukunft als menschenscheue, ein bißchen verrückte Lady in einem Hotel, jetzt zitierte sie selber schon Dorothy Parker.

Lieber sollte sie an die Höhepunkte ihres Lebens denken, an ihre Abende in dem Hotel, vor zwei Jahren, an den ersten Abend überhaupt, vor fünf Jahren, sie war betrunken gewesen und wußte nicht mehr, wieso er morgens neben ihr lag, wie konnte man sich an Höhepunkte erinnern, wenn man nicht einmal wußte, daß sie stattgefunden hatten. An dem Tisch in der Mitte der Bar saßen fünf junge Männer, die Zigarren rauchten und aussahen wie Johnny Depps fünf beste Freunde. Aber an die Nacht mit dem Autisten erinnerte sie sich genau, sie hatte ihn morgens zum Arzt gefahren, weil er eine Lungenentzündung zu haben glaubte. Warum, wenn fast alle Tische in der Bar frei waren, setzten sich die beiden Frauen in den engen Kostümen mit den großen Knöpfen, schon wieder Goldknöpfe, Escada vermutlich, und der Mann in der schäbigen Jacke, eine Windjacke nannte man so etwas, ausgerechnet neben sie?

»Würden Sie bitte die Jacke anbehalten, Verzeihung, Sir.« Die Kellnerin lächelte ihr zu, die ältere der beiden Frauen sagte etwas zu dem Mann im Blouson, das war russisch, sie saß neben der Russenmafia. Jetzt lächelte auch die Frau ihr zu: »Verzeihen Sie, mein Mann spricht nicht englisch, und wir wollten hier nur den Geburtstag unserer Tochter feiern, 21 ist sie heute geworden, unsere Natascha, wir sind aus Kiew, aber jetzt leben wir schon zwei Jahre hier, mein Mann ist Uhrmacher, er kann jede Uhr reparieren. Vielleicht wollen Sie uns einmal besuchen kommen, hier ist unsere Karte.«

Draußen wurde noch immer geheiratet.

»Hast du Alec Baldwin wiedergesehen?«

»Und Kim Basinger?«

»Nein, Timmy, tut mir leid, habt ihr schon lange gewartet? Ich bin eingeschlafen, vermutlich zuviel Sonne.«

Sie schauten kaum auf, sie saßen vor riesigen Erdbeer-Daiquiris. Der Besuch der alleinstehenden Verwandten, dachte sie, das Lokal sah aus wie das Bühnenbild zu »Madame Butterfly«, entworfen von Philippe Starck. Die Kellner trugen blaue Mao-Uniformen.

»Trinkst du auch lieber eine Bloody Mary?« fragte Johannes.

»Liegst du immer noch den ganzen Tag am Swimmingpool? Wir waren heute früh schon joggen.«

»Und dann haben wir mit Papa Tennis gespielt.«

»Und wir haben gewonnen. Mama will ja lieber den ganzen Tag lesen.«

»Liest du immer noch Updike? Es gibt doch nichts Langweiligeres als Ehebruch.«

»Ich will aber eine ganze Portion Softshell Crabs.«

»Sei nicht so gierig, Timmy. Mama, kann ich lieber die Crispy Spring Rolls haben, ich kann diese Tiere nicht essen, weil sie wie Tiere aussehen.«

»Ich verstehe auch nicht, wie Gabriele all diese Langweiler erträgt, ich habe nur den letzten ›Rabbit‹ gern gelesen, wenn er nach Süden fährt, in den Tod, und im Radio laufen all die alten Lieder...«

»So etwas gefällt dir natürlich. Timmy, reiß dich jetzt zusammen.«

Später erinnerte sie sich nur noch daran, daß das Ganze kaum länger als eine Stunde gedauert haben konnte, daß sie zu den Vorspeisen noch eine Portion kalte Nudeln und Gemüsereis bestellt hatten und später gegrillten Catfish, »und dazu müssen wir unbedingt noch die Ente und das Rindfleisch mit Zitronengras haben«. Und sie rissen mit ihren Stäbchen geschickt riesige Stücke aus dem Fisch, sie hatte sich schließlich eine Gabel geben lassen, sie wickelten Entenfleisch in Pfannkuchen und aßen mit den Fingern Rinderfilet, das den Geschmack und die Konsistenz von Salzstangen hatte, man konnte süchtig davon werden. Timmy wollte danach noch einen Fisch ganz für sich allein haben und Nina an der Bar eine ihrer bunten Designerzigaretten rauchen.

»Welcher von den Kellnern gefällt dir am besten?«

»Vielleicht der Blonde, mit den langen Haaren.«

»Ich finde, der sieht gewöhnlich aus, und außerdem ist er zu alt, mir gefällt der Große mit der Glatze am besten.«

»Kommt, wir wollen los, Johannes hat schon den dritten Fernet. Wir können ja noch in deine Bar gehen.«

»Vielleicht sehen wir dann noch irgendwelche Stars.«

Am Ende hatten sie vier Aschenbecher mitgenommen, einen schenkte Johannes ihr, der Name des Lokals stand in einem Kreis mit einem angedeuteten Yin-und-Yang-Symbol.

Sie hatten Johannes an der Bar zurückgelassen, und mit ein wenig Besitzerstolz führte sie Gabriele und die Kinder durch den Garten zu ihrem Zimmer.

»Habt ihr den kleinen Kräutergarten dort hinten gesehen?«

»Gestern nacht hat er heimlich versucht, sie anzurufen, ich hab das Telefon klicken hören und abgenommen, ich werf ihn jetzt raus.«

»Der Teddybär ist ja süß, wo hast du den her?«

»Warum zündest du den Kamin nicht an?«

»Das Handy hab ich ihm schon abgenommen, dabei hab ich es ihm sogar geschenkt damals.«

Als sie in die Bar zurückkehrten, sang Johannes »As Time Goes By«.

»Der beste Pianist der Welt, aber du spielst es noch ein bißchen besser, Nina. Ja, bitte, und für mich noch einen Fernet, für die Verdauung, und hier sind zehn Dollar, können Sie die wechseln, fünf sind für den Pianisten, wenn er es noch einmal spielt.«

»Hast du eigentlich in letzer Zeit irgend etwas Interessantes gelesen, ich suche immer noch nach Stoff für mein Seminar.«

»Von Claire Bloom soll demnächst ein Buch erscheinen, in dem sie mit Philip Roth abrechnet. Hast du ›Sabbaths Theater‹ schon gelesen?«

»Ja, aber er schreibt nur über Kunstfiguren, solche ekelhaften alten Männer gibt es nicht und schon gar nicht solche Frauen, mit vier Männern hintereinander treibt es die eine.«

»Ich habe nur ein Buch über Serienkiller dabei, ich wollte mich ja ausruhen, aber davor habe ich mal wieder ein bißchen Balzac gelesen, ich habe den Titel der Erzählung vergessen, es ging um einen Mann, der sich in eine fünfzig Jahre jüngere Frau verliebt, eine Mulattin, gerade 15 ist sie.«

»Du meinst nicht zufällig ›Glanz und Elend der Kurtisanen‹, das war doch immer dein Buch?«

»Nein. Und am Ende landet er in der Gosse.« Johannes und der Pianist waren inzwischen zu »Lover Man« übergegangen.

»Papa, du bist peinlich.«

»Mama, kann ich noch einen Bananen-Daiquiri haben?«

»Nein, Timmy, du hast genug gehabt, morgen ist dir schlecht, und Johannes, reiß dich jetzt zusammen, wir gehen.«

Sie bestellte noch einen Whiskey. Eine halbe Stunde später traf sie Gabriele und Nina auf der Toilette. Johannes war verschwunden.

»Der Mann ist einfach peinlich, er hat schon auf der Fahrt ins Chinois eine Szene gemacht, nur weil die Kinder KSFN hören wollen, mitten im dicksten Verkehr auf dem Highway mußten wir anhalten, beinahe wäre einer in uns reingefahren, und dann wollte er zu Fuß nach Hause gehen. Vermutlich liegt er jetzt irgendwo in den Büschen. Timmy sucht ihn, der Mann gehört zum Psychiater.«

Sie fanden ihn auf einer Hochzeitsfeier. »Weißt du, dein Hotel ist einfach zu weitläufig.«

Am Montag waren sie alle verschwunden, die grauhaarigen Herren und die Frauen mit den Hüftknochen, nur die beiden Holländer saßen noch am Swimmingpool. Sie telefonierte mit Freunden, »stell dir vor, ganz laut hat er gesungen, die Kellnerin hat später gesagt, als ich mich entschuldigte, er sei doch ein lustiger Mann, mein Bekannter, und dann haben wir ihn überall gesucht, das Handy hat sie ihm schon weggenommen, und sie hat seine Freundin angerufen, die solle endlich ihre blöden Telefonate einstellen und ihm auch nicht mehr schreiben, was sie sich eigentlich einbilde, so eine dumme Gans«.

Die beiden Holländer kamen jedes Jahr für vierzehn Tage in das Hotel, das für sie ein wenig wie ein Sanatorium war. Ob sie schon im Eclipse gewesen sei, nein, sie war krank gewesen und nur einmal abends im Chinois. Das beste sei eigentlich das Beau Rivage, sagte der Blonde, die Schlangen-Badehose nickte zustimmend. »Aber man muß tagelang vorbestellen. Gehen Sie ins Eclipse, das ist eine Dépendance vom früheren Mortons, ja, dort gehen immer noch Schauspieler und Agenten hin, aber das Essen im

Eclipse ist besser. Ich habe mir übrigens hier ein neues Handy gekauft, es ist ganz winzig, aber die Gebühren sind unverschämt, sie verlangen schon Geld für jede Air-Minute, da läuft schon der Zähler, bevor man überhaupt gewählt hat.« Am Abend flogen sie zurück.

»Wie kann es mir gutgehen, wenn ich hier die ganze Zeit alleine bin? Ja, ich weiß, daß du jetzt in eine Konferenz mußt, aber es geht mir einfach lausig. Wenn du das nicht verstehen kannst. Was nutzt mir das schöne Wetter, und diese blöden Bougainvilleen, ich habe Schnupfen und Halsweh, und ich fühle mich allein und im Stich gelassen, ja, bis bald.«

»Gehen Sie aus heute abend? Sie sehen toll aus.« Vermutlich sah sie tagsüber wie ein Monster aus. »Wenn Sie morgen noch am Pool sind, könnte ich Ihnen eine Kassette mitbringen.« Troy war eigentlich Schlagzeuger in einer Jazzband. »Acid-Jazz«, sagte er.

Sie hatte sich einen Tisch im Eclipse reservieren lassen, ja, sie würde ganz allein sein, ihre Freunde hatten keine Zeit. »Fragen Sie nach Marie-Jeanne, dann wird man besonders nett zu Ihnen sein«, hatte der Concierge gesagt. Sie bekam einen Tisch in einer Nische, »da sind Sie ganz für sich«, und sie bestellte Champagner und einen Fisch, dessen Namen sie nie zuvor gehört hatte, John Dory.

»Die beiden Herren am Tisch dort drüben möchten Ihnen gerne ein Glas von ihrem Rotwein schicken.«

Sie hatte sie schon vorher bemerkt, die beiden einzigen Männer, die allein in dem Restaurant waren, der eine etwas jünger und nicht gerade schlank, der andere, schmal, grauhaarig, und sie aßen Steaks, vermutlich waren sie aus New York, auf Geschäftsreise. Ja, sie wollte sich ihnen gerne zum Dessert anschließen. Und sie war ganz allein hier, sie hatte sich ein paar Tage ausruhen wollen, in dem Hotel, das sie liebte wegen seines Gartens und wegen der Ruhe, fast wie in einem Sanatorium.

Ob sie schon einmal im Beverly Wilshire gewesen sei, vielleicht hatte sie »Pretty Woman« gesehen? Douglas, so hieß der ältere, war PR-Manager, meist war er in Saudi-Arabien unterwegs, »Ambassador of the Beverly Wilshire« stand auf seiner Karte. Bill war der Koch des Hotels.

Später tranken sie Martinis im Drai's, wo man nie einen Tisch bekam, aber Douglas kannte den Besitzer. Sie haßte Martinis. Bill liebte die Natur, am Wochenende hatte er Brombeeren gesammelt, in San Fernando Valley, das hier war nicht seine Welt, aber wenn sie morgen in sein Restaurant käme, hätte er einen besonderen Nachtisch für sie. Dabei griff er nach ihrer Hand, sie sei die schönste Frau des Abends für ihn, und es war ein Wunder, daß sie allein war.

Sie lernte auch noch Luigi kennen, der ein Zwerg war, ein wenig sah er aus wie Roman Polanski, nur hätte Polanski nie nach ihrer Telefonnummer gefragt, und niemals hätte er ihre Beine gelobt, »die schönsten im Lokal«, morgen wollte Luigi anrufen. Sie hatte Bill versprochen, morgen in sein Hotel zu kommen, sie hatte Freunde, eine Familie aus Deutschland, vielleicht könne sie die mitbringen? Zum Abschied hatte er versucht, sie zu küssen. Auch Köche konnten Millionäre werden, sie wußte nur nicht, ob sie so lange warten wollte.

Sie hatte die Auffahrt zum Hotel verpaßt, seit einer halben Stunde fuhr sie durch die Hügel, vermutlich würde sie niemals zurückfinden. Und schon den ganzen Abend mußte sie zur Toilette, sie hatte nicht gewagt, in den silbernen Schuhen ein Lokal zu durchqueren. Aber nun konnte sie nicht länger warten.

Als sie die Autotür öffnete, niemals zuvor hatte sie einen Straßengraben in Betracht gezogen, vermutlich würde sie sich die Schuhe ruinieren, hielt ein Wagen neben ihr.

»Haben Sie ein Problem?«

Sie hatte vermutlich zwei Promille und versuchte zu sprechen, ohne den Mund zu öffnen.

»Ich habe mich verfahren, ich finde das Hotel nicht.«

»Folgen Sie mir.«

Es war der einzige Abend, an dem sie nicht allein nach Hause kam. An diesem Abend brachte sie der Sheriff ins Hotel.

RITUALE

Saison auf Sylt

Der Ausbruch der Saison auf Sylt unterscheidet sich von dem eines Schnupfens durch die sorgfältigen Vorbereitungen der Betroffenen. »Ich hab noch schnell einen Versace-Aschenbecher gekauft für heute abend«; heute abend, zu Saisonbeginn, ißt man traditionell Krebse beim Kaufmann Baumann. »Und was bringst du mit, Elisabeth?« Die Befragte, von mittlerem Adel und Alter, bringt sich selber mit, das muß genügen, niemals aber würde sie sich ohne Make-up, ohne Schmuck, also gewissermaßen im Rohzustand mitbringen, sie müßte fürchten, umgetauscht zu werden. Weshalb sie nun, es sind nur noch drei Stunden bis zur Party, unverzüglich ins Hotel will, sich in Schale werfen für die Schalentierchen.

»Vielleicht sollte ich den Aschenbecher doch behalten, oder ich bringe ihn nächste Woche zu Walds mit.«

Natürlich würden die Betroffenen jederzeit bestreiten, daß es so etwas gibt wie eine Saison, weil auf Sylt immer Saison ist, wenigstens solange sie da sind, denn sie selber sind die Saison: die von Bismarcks und von Schaumburg-Lippes, von Sachsen-Weimars und von Sachsen-Anhalts, von Hohenlohes und von Hessens und dazu die Hamburger Kaufmanns-Aristokratie und Dagmar Berghoff und Vicky Leandros und Monika Peitsch, all die Unverbesserlichen, die Chefredakteure und die ehemaligen Chefredakteure, die sich allabendlich, ein paar Wochen lang, von Mitte Juli bis in den August von Party zu Party schleppen, von Abendessen zu Abendessen, von den Baumanns zu den Landwehrmanns und zu den Schaumburg-Lippes und den Walds und zu Gerhard Meir und Reimer Claussen und zum traditionellen Golfturnier von Henry und Hedda Aschpurwis. Vieles hat Tradition in der Saison auf Sylt.

Denn es haben sich ja die meisten, mit oder ohne Titel, die Saison verdient, allein dadurch, daß sie seit dreißig Jahren und manche noch länger nach Sylt kommen, jedes Jahr gleiche Zeit, um die gleichen Dinge zu tun. Dem verdanken sie ihr Ansehen, auch ihr Aussehen, Sylt-Braun, mit ein paar Sprenkeln Pöseldorf und Oberkassel, unnachahmliche Mischung aus Broilern und Nancy Reagan.

Und da inzwischen auch die Kinder und Enkel kommen und, seit einige der adligen Damen sich als Schmuck- oder Modevertreterinnen ein Zubrot verdienen, neben den Ärzten und Anwälten noch die Friseure und Modedesigner geladen sind, muß man um den Fortbestand der Sylter Festwochen nicht bangen.

Nur die Puristen, das sind fast alle, aber sie gehen dennoch hin, mögen dann nörgeln, daß neuerdings Empfänge zu rein geschäftlichen Zwecken stattfinden. Und immerhin hat Bulgari in diesem Jahr nicht in ein Zelt, sondern ins Kaamp-Hüs geladen, das Kampener Kurhaus. Dort soll man hinter Glas in Vitrinen bewundern, worunter Hände und Hälse der meisten anwesenden Damen dahinwelken, den berühmten »Bulgarischen Rundschliff, und Bulgari war ja auch der erste, der Halbedelsteine verwendete, sehen Sie, das ist ein Turmalin«. Man sieht vorwiegend blond an diesem Abend, ansonsten tragen die Damen weiß, kleines Kostüm, schließlich ist es Sommer, gestern, bei Baumanns, froren sie ganz erbärmlich, in ihren Cocktailkleidchen, so ein Krebslätzchen schützt ja kaum. Weiß ist auch die neue Bulgari-Kollektion, Porzellan mit Gold, »Chandra« für den »goldbraunen Damenteint«. Für die Herren gibt es Manschettenknöpfe oder Schlüsselanhänger, die meisten haben sich heute wieder für den Gürtel mit der H-Schnalle entschieden, mal über, mal unter der Gegend zu orten, wo eine Taille sich vermuten ließe, das H steht für Hermès, aber eigentlich steht es für Hans oder Hinrich, »gestatten, Haderer«. »Hurengürtel«, murmelt einer der Anwesenden, der noch die Wunden zu lecken hat vom Vorabend, nur deshalb reckt er den Zeigefinger, er hat sich beim Krebspulen verletzt, beim Knacken der Scheren.

Derweil nehmen drei blonde Damen die Bulgari-Gastgeberin, die Prinzessin von Sachsen-Weimar, in die Zange, »Happy Birthday«, nun weiß jeder, daß sie fünfzig ist. Hoffentlich hat sie sich wenigstens an den Kerzen auf der Torte ein bißchen wärmen können, bevor sie diese auspusten mußte, da steht man schließlich schon seit Stunden und schnattert, aber so etwas hat die Prinzessin gar nicht nötig: »Schaut mal, ich steh' ganz nackt da, alles verkauft.«

Nein, sie erschließen sich nicht jedem, die kargen Reize Sylts, und eine Erklärung gibt es nicht dafür, warum es immer wieder und Sommer für Sommer den Mensch in der Masse und manchen auch winters und an jedem Wochenende auf eine windige, widrige Sandbank zieht, wo, zwischen Düne, Heide und Watt, die einzigen Blumen auf den Kleidern der Damen abends im »Gogärtchen« blühen. Wo man Stunden im Stau stehen kann, wo die Prolis in den Fußgängerzonen auf Westerland sich drängen und die Millis in Kampen auf der »Whiskystraße«, ansonsten sind ja die Grenzen zwischen den Millis und den Prolis eher fließend. Und wo man des Abends, die wirklichen Anwesen sind eher selten, in den Häusern, unterm Wind geduckt, Neue Heimat, friesisch, in Keitum oder in der Reetreihenhaushälfte in Kampen, nur durch eine Hecke vom Nachbarn getrennt, teilhaben kann an traulichem Gespräch und am Geruch von gegrilltem Hummer auf Knoblauchsoße.

Vielleicht weil es an den wirklichen Mittelpunkten fehlt, kann dieses periphere Eiland zu einem solchen werden, wenigstens für ein paar Wochen im Jahr, einer Art bundesrepublikanischer Sandkiste. Die Ossis haben Rügen, wir haben Sylt, und vermutlich weiß so ganz genau keiner, warum er dahin fährt. Längst ist Sylt ein Mythos. Vergessen allerdings die Zeiten, da, um die Jahrhundertwende und bis in die zwanziger Jahre, Schriftsteller hierherkamen und Verleger, die Manns und die Hauptmanns und die Rowohlts, danach kamen vor allem die Nazis, Göring liebte die Insel. Auch in den Fünfzigern und Sechzigern kamen noch die Autoren, die Intellektuellen, die Verleger, manche sind sogar noch immer da oder zumindest ihre Witwen, aber vor allem erfand sich hier die Adenauer-Erhard-Kiesinger-Ära ihr Savoir-vivre: mit Werner Höfer bei Karlchen an der Bar und mit Gunter Sachs auf dem

Motorrad über die Dünen. Vielleicht setzt Sylt, wie Fritz J. Raddatz, auch so ein Habitué der Insel, einst vorschlug, ihm ja doch noch sein Denkmal, diesem Nachfahren wirklicher Playboys, der Rubirosa oder Ali Khan: Gunter Sachs auf einer Harley Davidson, Tausendmarkscheine signierend. Von Raddatz heißt es übrigens, daß er sich schon eine Grabstelle auf Keitum, neben Peter Suhrkamp, wo sonst, reserviert habe.

Und sie schwärmen ja noch heute von jenen Zeiten, da Brigitte Bardot auf die Insel kam und sie selber ihrer Ingelore übers Wochenende etwas bieten wollten; die in die Jahre gekommenen Playboys, Nachahmer der Nachahmer, die ihre Vergangenheit im Gesicht und um die Hüften tragen, auf dem Strönwai in Kampen, der sogenannten »Whiskystraße«, am liebsten an der Bar des »Gogärtchens«, durch hohe Hecken gnädig geschützt vor Publikum: Libertinage in der Gartenlaube.

Jene, die sich ihre Spuren noch verdienen müssen, die Glücksrad-Moderatoren und »Verbotene Liebe«-Folge-465-Darsteller, drängen sich vorwiegend und öffentlich im »Odin« nebenan, dem »Kleinen Leysieffer«, das große ist in Westerland und mehr den älteren Damen vorbehalten, oder gegenüber , im »Rauchfang«, bevor sie ihre nächtlichen Exerzierübungen im »Pony« oder im »Roten Kliff« absolvieren, wo man nun auch schon seit zwanzig Jahren tanzt, Leib an Leib, und wo die Enge lebensgefährlich scheint. Und all die anderen, die zu keiner Clique oder Claque sich rechnen wollten, die einfach Gesellschaft sind, nicht Promis, sondern Elite, wie ein Hamburger Nervenarzt einst kundtat, auch sie ließen es sich nicht nehmen, natürlich ganz im Privaten und ein wenig verächtlich und nur zu bestimmten Zeiten – »wenn die Düsseldorfer, die Nordrhein-Vandalen weg sind« –, in den Bars am Strönwai der Lebenskunst zu frönen.

Doch einsamer nie als im August, denn wer jetzt keine Einladung hat, wird nimmermehr eingeladen. Auch wer zu keiner Gesellschaft wirklich gehört, müßte sich ausgeschlossen fühlen. Die Insel, wiewohl sie davon lebt, duldet keine Fremden. Und wer da glaubte, mit einem Billigticket, das können sich nur die wirklich Reichen erlauben, auf ihr zu landen, wird bitter enttäuscht. Wie jener Filmschaffende aus Hamburg, der sich endlich einen Traum erfüllen wollte, vom Porsche mit offenen Verdeck einmal den Himmel über Sylt sehen, nur kollabierte der Porsche schon vor dem Autozug in Niebüll, so rächt es sich, mit einem gebrauchten Porsche nach Sylt fahren zu wollen.

Und selbst ein Modeinternist, spezialisiert auf Lebern, die halbe Insel gehört zu seiner Klientel, kann statt als Entreebillet zur Gesellschaft als ungedeckter Scheck sich erweisen, wenn er einen ebenda, in Niebüll, so kurz vor dem Ziel, nur schnell ein Würstchen kaufen schickt. Nach zwei Minuten ist man zurück, aber der Modearzt weg, allen anderen hinterher, auf den Autozug. Statt des Hochgefühls des Außenseiters befällt einen allenfalls Höhenangst, drei Meter über dem Festland, derweil man auf dem Weg an die Spitze, 450 Meter ist der Zug lang, aus allen BMWs und sogar aus den Golfs sich schelten lassen muß: »Nur wegen dieses Würstchens sollen wir jetzt hier warten.«

Und es sollte sich doch schon im Autozug einstellen,

jenes besondere Sylt-Gefühl, von dem die Veteranen schwärmen, daß es sie immer kurz hinter Niebüll befalle, in Form etwa eines Heißhungers auf Wildlachsschnitzel bei Gosch, »nichts Besonderes, ganz billig, aber ich kann nicht anders, ich muß dann sofort hin«, zur Fischbude nach List, am Hafen, direkt neben den Bundeswehrkasernen. Anderen verschlägt es die Sprache, jener Bekannten etwa, die beim Anblick eines Austerntauchers stets in spitze Schreie auszubrechen pflegte, »guck mal, ein Austi, ein Austi«. Dies müssen die Glücklichen sein, die schon im Wattenmeer jedes urbane Lebensgefühl ablegen, regredieren zu Insulanern. »In dieser Welt gilt das Wort nichts«, hat Peter Suhrkamp einmal gesagt.

Man müßte die Sprache spätestens beim Anblick eines Hotelzimmers verlieren, welches ungefähr die Maße und den Komfort eines Schrankes bietet, es handelt sich um ein sogenanntes Stadthotel, Luxuskategorie, Relais & Châteaux, und auf den Gängen ist viel Platz. Dafür ist das Zimmer mit Himbeeren tapeziert, Myriaden von Himbeeren, originalgroß an den Wänden, der Decke und sogar in der Duschzelle, und alles abwaschbar, was vielleicht der besonders salzhaltigen Luft wegen notwendig ist.

Es ist ja in allem Hedonismus etwas zutiefst Puritanisches, sogar Masochistisches, ohne Leid kein Freud, kaum anders ließe sich verstehen, daß Menschen schon zum Frühstück unter Shorts ihre Krampfadern freilegen, um sodann, immerhin glücklich ihren Hotel- oder Reetzellen entronnen, in einer Art Trail gegen Gebühr – sechs Mark in Westerland, in Kampen sind es zwölf, vermutlich weil der Weg länger ist – zum Strand zu pilgern, sich daselbst ihrer Kleidung völlig zu entledigen und sich Sand in die Augen streuen zu lassen. Niemals doch genug, daß einem der Anblick erspart bliebe, von frei promenierenden Gemächten, deren Anhängsel derart demonstrieren, daß sie von allem Anfang an dabei waren, seit nunmehr fünfzig Jahren die Herren der Gezeiten, Inhaber der goldenen Kurkarte.

Ihre gelegentlich jugendlicheren Begleiterinnen, auch das gibt es hier noch, das Wort Sugar Daddy allerdings scheint ein Euphemismus, lassen sie von Zeit zu Zeit Sand schaufeln, den Wall um ihren Korb zu erhöhen, die Strandburg zu sichern, wo sie hofhalten, wo noch einmal die Lammnüßchen vom Vorabend durchschmeckt werden und die libidinösen Verwirrungen jener, die noch in solche geraten. »Ist es nicht schrecklich, wie sich gestern alle auf die arme Uschi gestürzt haben, wie die Geier, dabei hat sie doch schon genug Kummer, daß er ihr so etwas antut, in dem Alter, und die andere ist auch noch zwanzig Jahre jünger.« In benachbarten Körben wird Vorsorge für später getroffen, konfektionserotische; Bademoden werden verkauft, »ich ruf mal schnell mit meinem Handy in München an, ob sie noch einen Versace Größe 42 haben in Gelb, ich liebe Gelb«. Die Rastlosen spielen Beach-Ball, auch der Data-Becker, der Sohn vom Auto-Becker, ist heute wieder da.

Verabredungen werden getroffen für den Abend, »ich muß heute endlich ins Gogärtchen, sonst nimmt mir Rolf das wirklich übel«, Rolf ist der Besitzer nämlichen Lokals, aber zunächst sucht man noch eine andere Örtlichkeit auf, »laß uns doch schnell auf einen Chardonnay gehen«, in die

Bretterbude, Buhne 16, »Café Po« nennen sie die Anatomen, weiß der Merian-Führer »Sylt«, »Café Klo« die Pragmatiker.

Natürlich gibt es die anderen, die all diese Rituale meiden, die niemals am Abend auf die Whiskystraße gingen oder auf eine der Partys; vermutlich weil sie nicht eingeladen sind. Die nun schon seit Jahren auf die Insel kommen, ihre Insel, um in der Strandsauna zu schwitzen, zu fünfstündigen Gewaltmärschen aufzubrechen und am Abend es allenfalls noch auf ein Schweineschnitzel im »Morsumer Kayser« schaffen, weit ab von allem, in ihrem echten, wahren Sylt, nirgendwo ist soviel von Echtheit zu hören wie auf Sylt. Oder die Ehefrauen, sommers wochenlang abgeschoben auf die Insel, Sylt ist ja die reine Ehefrauen-Landverschickung, die abends mit einem guten Buch ins Bett gehen und tags, in ihrem Strandkorb, von der Luft leben, während ihre Gatten, diese wahren Wanderdünen, schon lange anderswo, in Hamburg oder Düsseldorf, die Liebe suchen, nur am Wochenende huschen sie ins Körbchen.

Wenn man endlich doch einmal eingeladen ist, dazugehört für einen Abend, und der Wind hat nur Stärke drei, in dem Lokal am Strand, das eher wie eine Skihütte aussieht: Die Sorgen verlassen einen doch nie. Vielleicht hätte man lieber das schwarze Hochgeschlossene? Und wo wird man sitzen? Eine Kennerin berichtet, daß das Essen beim letztenmal vier Stunden dauerte, vier Stunden, in denen der Tischherr ihr alle Wagner-Inszenierungen der letzten zwanzig Jahre nacherzählte, wenigstens sang er sie ihr nicht vor.

Es wird einem schon wieder ganz blond vor Augen, vielleicht liegt's auch am Champagner. Die Flaschen sind heute mindestens Jeroboam, ja, so heißt das, von einer gewissen Menge an wird der Champagner biblisch, und in einer Jeroboam sind drei Liter, vielleicht ist es gar eine Nebukadnezar, fünfzehn Liter? Und alle, alle sind wieder da, die Schaumburg-Lippes und die Hohenlohes und Sachsen-Weimars und sogar die Frau von... »Psst, ihr Mann kann sich in Deutschland nicht sehen lassen, der ist ein ganz großer Waffenhändler.« Und die Springers und Bambi Burda, und sogar diejenigen sind da, die nicht da sein sollten, und am nächsten Tag stehen auch die in der Zeitung, die meisten anonym, nur der ehemalige Chefredakteur, der noch im Rentenalter von seiner Midlife-crisis zehrt, verdient es, namentlich genannt zu werden, weil er einfach überall dabei ist, sogar im Thalia-Theater und in Bayreuth hat er schon hospitiert.

»Wie geht es dir denn, schön, daß du doch noch gekommen bist, ist ja schrecklich, nach so vielen Jahren.« Küsse werden gehaucht, Münder spitzen sich entgegen, auf Schultern wird geklopft, nie, niemals sollte man sein Leid schulterfrei tragen. Hautnah erfahren alle vom Geschehen, und selbst diejenigen, die es gar nicht wissen wollten, müssen hören, was sie fühlen soll, die Münchner Galeristin, deren Ehemann nun mit der Ehefrau eines anderen auf und davon ist... »Nein, nicht auf und davon, die Neue und er leben ja noch in getrennten Wohnungen, stellen Sie sich vor, vier Wohnungen müssen die jetzt zahlen, haben Sie nicht Lust, wenn Sie wieder einmal in München sind, ein kleines Essen zu viert, wir und Sie und der Ehemann derjenigen, die nun mit dem Ehemann von...«

Die Gastgeber haben es schwerer, sechzehn alleinstehende Damen müssen untergebracht werden, die elenden Singleweiber, möglichst unauffällig, dazu auch noch die Nichtgeladenen, denen werden die Restplätze angewiesen. Man kann sie ja nicht einfach rausschmeißen, die Pumps der Goldlamierten neben dem ehemaligen Chefredakteur haben sich schon zwanzig Zentimeter tief in den Sand gebohrt. Die Ehefrauen haken ihren Besitz ein wenig fester unter, irgendwo auf der Insel muß es ein Bodybuilding-Studio geben. »Du siehst ja ganz schön fit aus, wohl auch eisengeil?« Das Outfit der meisten widersteht dem Wind nicht, Gänsehaut kräuselt sich über gelbem Versace oder blauem Dolce, glücklich, wer drinnen speisen darf.

»Placido ist als Parsifal ja eine glatte Fehlbesetzung, und wo ist Kaiser in diesem Jahr, jetzt muß man schon auf Koch in der »FAZ« zurückgreifen, haben Sie schon den Kartoffelknödel mit Kaviar probiert, ein Gedicht.« Andere, andere haben auch keine Wahl, eine Dame beschwert sich, daß sie neben einem Angestellten ihres Friseurs sitzen mußte, der Multimedia-Manager muß sich neben einer Gräfin langweilen, »dabei haben sich die Gastgeber schon solche Mühe gegeben, Susanne Boenisch wieder auszuladen, nur weil die sie nicht zu ihrem zweiten Fest gebeten hat«.

Nach dem Essen wird getanzt, barfuß im Sand, I Will Survive, es funkeln die Sterne und, wie Kronleuchter, die Ohrringe der Damen. »Sie sollten unbedingt Golf spielen, ich kann Sie ganz günstig in unserem Club unterbringen, sagen wir, vierzigtausend. Gemacht?« Die Frau von Hohenlohe-Wepper, ihr Gatte klärt wohl gerade wieder in

Münchner Villen auf, ist des Deutschen nicht mehr mächtig, weshalb sie ins Englische wechselt. Andere scheinen ihre Gliedmaßen zu verwechseln, bedrohlich fliegt manch älteres Bein. »Also gut, wie wär's mit dreißigtausend?« Nur die Prinzessin Lili von Schaumburg-Lippe, die neuerdings selber schneidert, sie trägt statt eines Rocks die fürstlichen Gardinen, blaugold, vermutlich die Hausfarben, reckt sich unverdrossen den Fotografen entgegen, das tapfere Schneiderlein.

Andere bevorzugen die Anonymität, »gestatten Sie, ich bin der Zahnbaron von München, und das dort hinten ist meine Lebensgefährtin«. Vor dem Sonnenaufgang flüchten manche in die Dünen, es fehlt der Gesellschaft inzwischen an Schliff, und irgendwo werden Würstchen serviert, beim Zahnbaron hat noch immer keine angebissen. »Wissen Sie, ich stelle die Löffel und den Gips her für die Zahnabdrücke. Wollen wir tanzen?« Dieser Vulkan ist längst erloschen. Ein Sodömchen hat Horst Janssen Sylt einmal genannt. Vielleicht war es am Ende doch die Flasche mit den sechs Litern: Methusalem.

Im Foyer

Guten Morgen, Kopfschmerz, dieser Kater wäre einen Rausch wert gewesen. Statt dessen war der Wein wie immer eine Zumutung, die Unterhaltung ebenso, auch um vier in der Früh kein bißchen erregender, obwohl die meisten da ohnehin schon nicht mehr sprechen konnten, nur selber natürlich wieder mal zuviel geredet, dafür in der Nacht noch den Schwur getan, nie wieder hinzugehen. Die Inszenierung, ganz passabel, steht ohnehin Montag alles in der Zeitung. Natürlich waren wieder alle da.

Natürlich wird der Schwur nicht länger halten als der moralische Kater, also höchstens bis zum Abend, manchmal allerdings, wenn man besonders starrsinnig sein wollte oder die Erinnerung an das letzte Mal noch zu lebendig sich regte, ist man standhaft geblieben bis zum Nachmittag vor der Premiere. Aber wenn dann alle fragen, sehen wir uns heute abend? Nicht, daß es von irgendeinem Nachteil oder ein Makel wäre, nicht hinzugehen, eine Karte hat man ja meistens, aber man würde sich doch ein wenig ausgeschlossen fühlen, wovon, weiß man nicht so genau, aber ein Außenseiter wäre man doch.

Man ist auch nicht mehr so unerfahren, daß man noch immer hoffte, jener eine Abend, dieser Abend, an dem man nicht da sein wird, unterscheide sich von all den übrigen, vergebens durchhofften. Aber wenn es dann doch geschähe, und wer wollte schon behaupten, man werde durch Empirie klüger? Die Inszenierung, die man gesehen haben muß, der Skandal oder wenigstens ein Flirt?

Und obwohl man die Kindertragödien längst hinter sich hat, keine jugendliche Naive mehr ist und weiß, daß es im Theater auch nicht anders zugeht als im Leben, nichts als gebrochene Versprechen, und daß jene, denen man früher eine gewisse Intensität, ein irgendwie gesteigertes Leben andichtete, die Schauspieler, im Grunde nichts sind als Schwerstarbeiter, nach der Vorstellung für sie also der Feierabend beginnt, obwohl man all dies weiß, verspürt man doch mitunter schon am Nachmittag eine kleine Nervosität, Anspannung, die Lampenfieber zu nennen sicherlich vermessen wäre.

Das beschränkt sich nicht, wie bei gewöhnlichen Anlässen, Vernissagen oder Restauranteröffnungen, auf die Frage der Kleidung, obwohl diese wichtig ist, denn Harry, der ja immer nur zu seinen eigenen Premieren geht, hat vollkommen unrecht, es gibt kein Robensterben in Hamburg. Also das Violette, vielleicht zu tief dekolletiert, das graue Kostüm, zu brav, wie wird Jürgen bloß die Wahnsinnsszene machen?

Wie immer das Taxi zu spät bestellt, die Fahrt viel zu lang, als daß man nicht zum zwanzigsten Mal die Strümpfe prüfen müßte, den Lippenstift endgültig abstoßend fände; Kleinlichkeiten, die dem Premierenhabitué, der, als notorischer Mitredner, gelegentlich sogar sich Vorstellungen in anderen Städten ansieht, natürlich völlig fremd sind, ganz zu schweigen von denen, die nur der Selbstdarstellung oder

der Ehefrau wegen hingehen oder den anderen, die auf Premieren eigentlich nichts zu suchen haben, weil sie tatsächlich gleich nach der Vorstellung und manchmal mittendrin das Theater verlassen; könnten ebensogut in die dritte oder vierte Aufführung gehen, die, wie man weiß, viel besser ist.

Natürlich stehen sie schon wieder alle vor dem Eingang, die Hamburger Eis-Enten und ihre Ladage & Oelke-Erpel, der Abgeordnete, der vermutlich gerade aus Bosnien zurück und dem die Betroffenheit Gesicht geworden ist, auf das Wort kann er schon lange Alleinvertretungsanspruch erheben; der Nervenarzt, der seit, keiner weiß wie vielen, Jahren dem Alter trotzt und gelegentlich durchblicken läßt, daß er die stadtbekannten Geheimnisse von jedermann weiß; der Kritiker, der, die unwahrscheinliche Gefahr, daß er nicht mehr erkannt werde, zu bekämpfen, sich multimedial geklont hat.

Und Anna und Erwin und Elke und Joachim, und es neigen sich Wangen, Münder kommen auf einen zu. Das Kleid war natürlich völlig falsch gewählt, viel zu tief dekolletiert, nein, es ist tatsächlich in Hamburg gekauft, Schwarz ist wieder mal die Farbe des Abends, schwarze Witwen und Premierensamt, Ohrringe wie Kronleuchter.

Nur die Freundin des Chefredakteurs, den sie Filz nennen und der den Fußball dem Theater vorzieht, was er immerhin mit dem Kritiker der Wochenzeitung gemeinsam hat, sie trägt noch immer bunte Pailletten, die fast alles zeigen außer Geschmack.

Und während sich vor der Kasse, es hat längst zum zweitenmal geklingelt, noch immer ein paar Unglückliche drängeln, während man die Freundinnen bedauert, die diesmal nur zweiten Rang erwischt haben, und weiter grüßt und sich durchküßt, begegnet einem ausgerechnet der Erzfeind von der Tageszeitung, der neuerdings auf jede Premiere geht, weil er, nachdem er die Theaterkritik und die Kritik überhaupt abgeschafft hat, nun endlich mitreden kann.

Wenn man dann schließlich seinen Platz erkämpft hat, noch rasch, er sitzt zwei Plätze weiter, den Ex-Chefredakteur begrüßt, der als Schreiber bekannt wurde durch ein Buch über die Krise der mittleren Mannesjahre, wofür er sich, zumindest hinsichtlich der Krise, hat widerlegen lassen müssen, dafür um so trotziger seine längst schon nicht mehr mittleren Jahre verteidigend, wenn man nun im Programmheft blättern und sich die Namen der Darsteller einprägen will, beugt sich aus der Reihe hinter einem der Verleger vor, sichtlich inkommod im Zuschauersessel, weil das Wort allein schon eine Kontradiktion zu seinem Wesen beinhaltet, wenigstens trägt er nicht auch im Theater seinen Hut; dafür rezensiert er die Kritiker, den einen, von der Wochenzeitung, der sich immer in eine Schauspielerin auf der Bühne verlieben müsse, denn er kann nur schreiben, wenn er schwärmt, und den von der Frankfurter Tageszeitung, nein, nicht den schwäbischen Stilisten, sondern den ortsansässigen, dessen Kritiken man immer schon im voraus zitieren könne.

Aber indes man noch grübelt, wieso einem selber all dies nie aufgefallen ist, wird zu guter Letzt der Presse-Tycoon hereingeführt, was ein Glück ist, da die Spekulationen über seine physische Verfassung doch immer wieder eine Pause füllen. Das vorige Mal soll er hörbar eingeschlafen sein, was aber vielleicht nur ein Racheakt war gegen den multiplen Kritiker und gelegentlichen Theaterautor, dessen Sohn führte nämlich Regie, und seine Tochter wirkte darin als Statistin, was der Tycoon kommentiert haben soll, es handele sich hier wohl um eine k. u. k. Dynastie.

Die Darsteller, gegeben wird übrigens eine Tragödie, sind gelegentlich nur schwer verstehbar, da ein dröhnendes Fernsehlachen sie immer wieder unterbricht, Mutter Beimer, früher selber einmal Theaterschauspielerin, die nun einige Zischlaute hinnehmen muß. Viel schlimmer aber ist, daß einem noch nicht das passende Aperçu, die gelungene Pointe eingefallen ist, und gleich ist Pause. Glücklicherweise lassen erregendere Ereignisse die Kritik verstummen, der Ex-Bürgermeister ist mit seiner Freundin, der Dichterin, erschienen, ja, der Skandalautorin, die damals, in ihrem Buch, den Penis... Der Nervenarzt, der eigentlich versprochen hat, einen Sekt zu holen, eilt, die Ex-Bürgermeisterin zu trösten. Der Kritiker, dessen Gesicht sich ins Rötliche verfärbt hat, weil er aus reiner Gewohnheit geflohen ist vor denen, die ihm einen seiner berühmten kalauernden Kommentare zur Inszenierung abverlangen, murmelt etwas wie »hanebüchen«, aber keiner hört zu.

Der zweite Teil leidet darunter, daß er nur zur Hälfte verständlich ist, was aber diesmal am Hauptdarsteller liegt. Er bekommt dafür nicht endenden Applaus, es soll niemand den Hamburgern nachsagen, sie seien ein undankbares Publikum, wenngleich der Verdacht nicht fernliegt, daß sie vor allem die eigene Anstrengung beklatschen. Es rächt sich nun, daß man die besseren Plätze hatte, denn im Oberrang-Foyer, wo die Premierenfeier stattfindet, ist die Schlange vor der Bierbar schon viel zu lang. Glücklicherweise steht ziemlich weit vorn der Chef eines TV-Kulturmagazins, für seine Nettigkeit bekannt, der gute Mensch vom Lerchenberg, selbst sein Tadel klingt noch wie ein schlecht getarntes Lob.

Es finden sich schnell die üblichen Gruppen zusammen, die Zyniker gleich neben der Treppe, wo auch der Bierstand ist, allerdings scheint sich diesmal das Seelchen dort eingeschlichen zu haben, man sieht sie nicht, doch ihr österreichischer Akzent, der sich in 25 Jahren, die sie nun in Deutschland lebt, stetig verstärkt hat, verrät sie, »ich weiß gar nicht, warum der Hauptdarsteller in der Wahnsinnsszene so ein merkwürdiges Gebinde auf dem Kopf trug, ein bisserl wie von Blume 2000...«

Die Milden, mit den Veteranen weitgehend identisch, zieht es mehr zum Wein und zu dem Nervenarzt, der diesmal allerdings völlig hin- und hergerissen ist, zu viele sind zu trösten, ja, schade für Jürgen, aber die Hauptdarstellerin war exzellent, geradezu bürgermeisterlich. Sie war natürlich ganz unerträglich, mit Dorothy Parker zu sagen, sie beherrscht das ganze Repertoire der Gefühle von A bis B. Die Connaisseure hören auf den Verleger, nein, das kann man doch nicht mehr machen, die Kabelschnur, schon 1967 bei Barlog, als Nabelschnur eingesetzt, aber es gibt da diese wahnsinnige russische Autorin, ihr Stück ist ja hier gelegentlich gespielt worden, doch nun hat sie einen Roman geschrieben, ganz unpsychologisch, erscheint im Herbst, ein bißchen schreibt sie wie Céline, im Grunde war das heute abend eine sozialdemokratische Inszenierung.

Der sozialdemokratische Abgeordnete, der wieder einmal als erster erkannt hat, daß die Kulturkritik nun am Ende ist, nur ein paar Neulinge versuchen noch, nervös hin- und herlaufend, die letzten Happen zu schnappen, und daß der wesentliche Teil des Abends beginnt, ist empört, weil der Fernsehmoderator mit dem Raubvogelgesicht und der Verleger, der nicht ganz so berühmte, der sich mehr für Scheckbücher interessieren soll, in der Branche heißt er der Golden Retriever, schon seit zehn Minuten über Schlipse reden, der eine hat nicht genug, der andere zu bunte, aber in Bosnien sterben die Menschen, wie kann man da über Schlipse sprechen, im übrigen sind da zwei junge Bosnierinnen, die dringend ein Zimmer brauchen...

Die Hamburger Gesellschaft, die wirkliche, bleibt unter sich und am Rande, man grüßt sich artig, nippt an seinem Glas; ein Schauspieler erzählte mal, daß er einer jener Damen vorgestellt wurde, das ist Maria von... Hareico-Würstchen, Sie wissen, und daß er, verlegen, nur noch seinen Namen stammelte..., Thalia, Sie wissen. Der Chefredakteur des Monatsmagazins, der mehrere Jahre im Ausland gelebt hat und jeden kennt, nicht daß er sich dessen rühmte, er teilt es nur gern mit, verabschiedet sich, nach unten, ins Theater-Restaurant, wo die wirklich wichtigen Leute sitzen.

Dafür versäumt er den rituellen Höhepunkt des Abends, den Auftritt des Intendanten, der, schweißnaß wie immer, sich durch die Reihen derer müht, die ihm gratulieren, ihn auf die feuchte Wange küssen möchten, was einige noch immer als Auszeichnung begreifen, die anderen eher routiniert absolvieren, sie wissen, daß dies eine Verabredung zum Lügen ist. Und dazu spielt das Tonband noch einmal die Musik von damals, Disco aus den siebziger Jahren, es wird getanzt, die Teenies, die den ganzen Abend auf der Treppe gesessen haben, die überhaupt bloß zur Premierenfeier gekommen sind, weil sie sich eine Karte nicht leisten können, verwaiste Groupies, denen die Objekte der Verehrung ein wenig abhanden gekommen sind, ja doch, ein paar Schauspieler tanzen auch.

Sie bleiben unbemerkt, denn auch Verabredungen müssen nicht überstrapaziert werden, der Hauptdarsteller hat sich sowieso nicht gezeigt, und vielleicht wäre nun der richtige Zeitpunkt zu gehen, es wird schon wieder Kulturpolitik gemacht, keine kluge Entscheidung hat die Senatorin unlängst getroffen, sogar in München wurde darüber gespottet, dafür ist sie neuerdings immer häufiger mit dem Staatsrat zu sehen, Sie wissen ja, die Wahl. Die Stimme verabschiedet sich, den Hörnerv rettet das kaum, ein Pelz kommt dem Ohr bedrohlich nah, anderen geht es schlechter noch: Ihr Marktwert soll gesunken sein? ... der Mann muß es wissen, er organisiert Kulturcolloquien in seiner Villa, warum, weiß keiner so genau; wie kann man nur so viel trinken, Ehepaare unter sich, als Billy Wilder damals mit Marlene ...

Im Theater-Restaurant, an dem man nicht vorbei kann, weil Müdigkeit sich in Willenlosigkeit verwandelt hat, sitzen noch immer die Chefredakteure, die Verleger und Intendanten (Fernsehen), der habichtartige Moderator, der wenigstens nicht so taktlos ist wie der Ex-Bürgermeister, er hat seine Freundin zu Hause gelassen. Aber vielleicht daß hier wirklich die wichtigen Dinge geschehen, Karrieren geplant werden, vielleicht eine neue bunte Wochenzeitung gegründet wird. Der kontaktfreudige Chefredakteur wenigstens ist am Ziel seiner Wünsche, der Intendant (Theater) hat sich neben ihn gesetzt. An der Theke lehnen ein paar Schauspieler, jetzt möchte man sie loben, sie trösten, sich selber zum Trost. Einige flirten.

Früher einmal sollen Premierenfeiern, das zumindest erzählen die Veteranen, ganz anders gewesen sein, wahrhaftige Bacchanale, und Kritiker stritten sich mit Regisseuren, und Schauspieler prügelten sich, und am Morgen war es nicht wieder nur der Kopfschmerz, den man zu begrüßen hatte. Aber wer sagt, daß dies ein günstigeres Schicksal ist, nein, das nächste Mal wird man auf keinen Fall hingehen. Nächsten Freitag ist Premiere im Schauspielhaus.

Nachmittag eines Föns

Am Freitag, jeden Freitag bricht der Kampf zwischen lokaler Größe und wirklicher Prominenz aus. Ein wenig lauter scheinen die Chanel-Ketten zu rasseln, und kaum lassen sich die Hermès-Pferdchen im Saum halten, am Freitag, Premierentag, Partytag. Und jetzt hat sich auch noch der Franz Josef bei Gerhard Meir angesagt. »Um halb acht wollte der kommen, zum Schneiden, da sitz' ich längst im Flieger nach Hamburg, weil die Alice mir das nie verzeihen tät, wenn ich heut' abend nicht zu ihrer Eröffnung käm.«

Nun muß sich der Franz Josef schon um halb sechs zum einzig freien Becken dirigieren lassen, »Ina, zack, zum Waschen«, der Chefredakteur jener lokalen Illustrierten, die den Friseur einst salonfähig machte. Inzwischen verhält es sich beinahe umgekehrt, und inzwischen ist der Franz Josef auch nur noch ein ehemaliger Chefredakteur. Die meisten, zumindest behaupten sie das, wagten ja nur beim Friseur, sie zu lesen, die »Bunte«, wo sie immerhin großzügig ausgelegt ist, damit diejenigen, die sowieso regelmäßig in den Klatschspalten stehen, sich selbst, die anderen, die niemals da hineingelangten, wenigstens ihren Friseur darin betrachten können, derweil sie noch ein wenig länger auf ihn warten. Früher, früher einmal konnte man selber bestimmen, wann man den Friseur aufsuchte.

Aber er ist eben so beschäftigt, der Friseur, der kaum Zeit hat, sich selber einen Haarschnitt zu gönnen, wiewohl dies gelegentlich notwendig wäre. Ständig ist er unterwegs zwischen München und Hamburg und Sylt, und gerade war er mal wieder übers Wochenende in Paris, wo er die Claudia frisiert hat für den Karl. Der Karl hat diesmal doch wieder alle überrascht, mit seiner neuen Schlichtheit, »der versteht es einfach mitzureißen«, weshalb der Karl für den Meir ein echtes Vorbild ist.

Denn selbst wenn er Zeit hätte, widmete der Friseur doch niemandem seine ausschließliche Aufmerksamkeit, er ist halt so wahnsinnig kreativ. »Machen wir's wieder kurz heute? Weißt, ich muß dir nämlich ganz ehrlich sagen, die Mittellänge ist nichts, richtig spießig schaust aus.« Und zum Zeichen seiner guten Absichten läßt er die Zigarette im Aschenbecher auf dem kleinen Rollwägelchen mit den Kämmen und Bürsten weiterglimmen, »du, ich bin gleich bei dir«, bevor er weitertänzelt, zum nächsten Spiegel, zur nächsten Dame. »Nein, wissen S', ich schneid wahnsinnig gern Pony, aber nicht bei Ihnen, Kopf nach unten, da machen wir was, das wird ganz suppa. Pascal, zum Fönen, zack.«

Heutzutage hat man sich dem Friseur zu unterwerfen, seinem zupackenden Griff, für den er bekannt ist, früher, in seiner Lehrzeit, hat er manchmal einer Kundin die Haare derart energisch gewaschen, daß sie anschließend bis zur Hüfte durchnäßt war. Da behält man seinen Kopf nicht oben, in jenem neonklassizistischen Tempel, der heutzutage der Friseursalon ist, zwischen Spiegeln überall, und in der Mitte ruht ein Faun, marmorweiß und aus Plastik, allerdings nur bei »Le Coup« in der Theatinerstraße in München, im Hamburger Ableger, an der Alster im Hotel Atlantic, steht nur eine Säule. »Wissen S', in München, da bin ich der Dompteur, in Hamburg der Teamleiter.«

Längst drängt es ihn hinaus, über jene bunten Seiten, denen er einst mit Gloria zu Glanz verhalf, damit ein wenig, genügend, auch auf ihn abfiele, Glorias Coiffeur, der inzwischen lieber mit der »FAZ«, wenngleich nur jenem Teil, hinter dem zumeist ein Frauenkopf steckt, dem »FAZ«-Magazin, spricht: über die »ZEIT« etwa, obwohl die Geschichte, zu lesen anläßlich der Eröffnung seines Hamburger Salons 1991, nun auch schon ein wenig zurückliegt. Wie einen Orden trägt er es, daß die Gräfin Dönhoff damals, auf einer Party, ganz indigniert bemerkte, er jedenfalls sei der erste und der letzte Friseur in ihrer Zeitung.

Und sein jüngster Coup hat wieder in allen anderen Zeitungen gestanden, und die Tagesthemen brachten auch etwas darüber, daß er die Münchner Polizistinnen, zehn Auserwählte, frisierte, was kein bloßer Werbegag war, »endlich konnte man ja wieder an der Basis arbeiten«, denn adrett sollten sie ausschauen, die Mädchen, aber vor allem mußten die Frisuren den Sicherheitsbestimmungen der Polizei entsprechen. Zur Präsentation ist sogar der Polizeipräsident gekommen, und der Fritz Wepper, ja der, »Harry, fahr schon mal das Auto vor«, kam auch vorbeigetappert, und eine Grußadresse kam vom Josef von Ferenczy, weil er sich nun mit so schönen Polizistinnen gleich wieder viel sicherer fühle in seiner schönen Stadt. Von überallher haben die professionellen Klatschtanten angerufen, ob der Meir das jetzt bundesweit mache. Aber, nein, das war ein Auftrag von der bayerischen Polizei, »doch, natürlich, wenn man mich fragt, am liebsten würd ich ja den ganzen Bundestag durchfrisieren«. Dafür hat er gerade die ganze Verlagsgesellschaft durchkämmen dürfen, als sich die (Gruner +) Jahr-Tochter Jonica dem stellvertretenden »Bild«-Chefredakteur und Hannelore-Kohl-Vehrerer Kai Diekmann anvermählte.

Die Frau Kohl, der er einmal einen Termin angeboten hatte, ist allerdings immer noch nicht erschienen, regelmäßig hingegen läßt die Frau Friedmann durchfrisieren, die Verlegerin von der »Abendzeitung«. Wie auch die Regine Sixt und die Gabriele Henkel und der Karl Otto Pöhl und der Josef und die Katharina von Ferenczy sowieso, die meist mit dem Mercedes im Innenhof vorfahren. »Und heut, als lauter ältere Damen da waren, da hat sich die Katharina wieder so gefreut, ›gell, Gerhard, heut bin ich wieder die Schönste hier‹.«

Früh hatte es ihn, den Bauernbub vom Schliersee, vom heimischen Sanitärbetrieb an die Waschbecken der Prominenz gezogen, nach den Lehrjahren in München zu Jobs in London, Paris, Rom und New York. Von Anfang an wollte er »aus der Branche heraus in die Gesellschaft«, niemals in die Gard-Haarstudios, wo seinesgleichen zu mediokren Ehren gelangen konnte, »ich bin doch kein Vereinsmeier, Meir bin ich selber«, lieber gleich in die Talkshow-Studios zum Medienruhm. Ein wenig nervös ist er allerdings manchmal schon, wie unlängst bei Gottschalk, wo er mit der Lili, seinem jüngsten Adelszulauf, der Prinzessin von Schaumburg-Lippe, deren neue Kollektion, alles selbstentworfen, man sieht's, und seine neuen Frisuren, »Glamour muß es haben in diesem Sommer«, vorführte, aber wie er dann dem Gottschalk einfach eine Tüte mit seinen Produkten hinstellte, Shampoo und Styling Gel, »Meirs Elixier pur«...

Später im Jahr, wenn auch sein Buch mit dem schlichten Titel »Richtig schön« herauskommt, die Texte stammen von der ehemaligen »Vogue«-Chefin Charlotte Seeling, soll er dann regelmäßig im neuen Frauensender TM 3 Schönheitstips geben, »aber die Bilder in dem Buch müssen schon ein bisserl besser sein als die in dem von der Claudia, richtig billig sah das aus«. Das Größte jedoch wird die Serie sein, Meirs Erzählungen, verfilmt, ein Treatment hat die Produzentin Eva Ploder, die auch eine langjährige Freundin des Friseurs ist, schon fertig, ein bißchen wie »Kir Royal« soll das sein, aber auch ein Stück Zeitgeschichte, eine Zeitreise, von den Siebzigern, als alles anfing, bis heute.

Früher, früher einmal ging man zum Friseur, um sich das Haar richten zu lassen, ein wenig bänglich und voller Erwartung, denn beim Friseur, gewickelt oder gefönt, entschieden sich soziale Schicksale. Ehen wurden gefestigt und verwickelte Verhältnisse unter die Haube gebracht, im Friseursalon, wo es stets ein wenig streng roch, nach Chemie und feuchtem Haar, in Wahrheit aber nach all den Heimlichkeiten, die ihrer Verbreitung harrten, und nicht zu reden von jenen Zeiten, als Warren Beatty in »Shampoo« den Damen das Schamhaar in Fasson brachte...

»Wissen S', jetzt streiten sich die Damen schon, wer mich entdeckt hat, vor gut zwanzig Jahren, und dabei vergessen sie ganz, daß sie damit ja auch zwanzig Jahre älter sind.« Damals, in den Siebzigern, als die Bohème schon ein wenig in die Jahre gekommen war, lernte er in Schwabing den Sigi kennen, Sigi Jortzik, der sein Freund und Geschäftspartner wurde, und der schickte ihn, weil dort ja alle verkehrten, die Uschi und die Angie, die ganze Modelszene, in den Salon von der Mara Cromer, deren verschlungene Initialen MCM, eigentlich die Abkürzung für »Moderne Creation München«, inzwischen allenfalls noch die Friseure oder jene, die sich diesen Schimpfnamen mit Sonnenbräune und Wasserstoffsuperoxyd verdienen, auf ihren Koffern und Taschen tragen.

Kurz darauf schon hat er sich mit dem Sigi selbständig gemacht, immer noch in Schwabing, später dann, 1985, an der Theatinerstraße. Das war die Zeit, die Achtziger mit ihrem Hang zur Übertreibung und zum Dekor, da jeder Handwerker sich Designer nannte, da Friseursalons sich Haarboutiquen nannten oder ganz einfach den Namen ihrer Besitzer trugen, derselben, die sich heutzutage auf jeder Party entrüsteten, verlangte man nach ihren professionellen Diensten. Da hatte man den Kopf hinzuhalten, um ihn angesichts der Resultate und ohne Recht auf Reparatur gelegentlich zu verlieren. »Wir wollten ja von Anfang an eine Ästhetik vermitteln«, sagt der Sigi, der es sich nicht nehmen läßt, noch immer an die allerersten Anfänge zu gemahnen, und, seit zwanzig Jahren kaum verändert, Goldkette um den Hals und Lederjeans trägt, womit man auch heutzutage noch eher Karriere macht im »Salon Kitty«. Den Muff wollten sie austreiben aus den Kapillaren, die Hektik war von Anfang an Teil der Show, der Gerhard damals »ein richtiger kleiner Shooting-Star«, und »schließlich haben wir ja das Kastensystem beim Friseur abgeschafft«. Weshalb der Schnitt beim Meister Meir, der nie seinen Meister machte, nicht mehr kostet als bei einem der Angestellten, von gelegentlichen Rabatten abgesehen für jene, die sich den Friseur schon lange leisten. »Unser eigentliches Zahlungsmittel ist Lebensgefühl. Dabeisein ist die Message.«

Und wenn neben dem Münchner Medienzarenpaar, dem Josef und der Katharina, »fast der gesamte Adel« bei Meir verkehrt, »inzwischen schon in der zweiten Generation«, weil dann manchmal, so geschehen bei der Verheiratung der Prinzessin Lili, Mutter und Schwiegermutter ganz einfach den Figaro zur Hochzeit bestellen, so war das nicht nur einem gewissen medialen Geschick zu danken. »Von Anfang an hatten wir eine Verabredung auf Gegenseitigkeit mit der Klatschpresse, den Michael Graeter haben wir dann einfach angerufen ›Brauchst was?‹« Das war natürlich auch der Glücksfall, damals, mit der Gloria, die zu ihrem Friseur sagte »Mach mich so wild, wie du kannst, Gerhard« und sich nicht darum scherte, daß ihr »Goldie«-Gatte, der verblichene Fürst von Thurn und Taxis, beim Anblick seines »Pummel« befand, auf den Kopf gestellt, könne man mit ihr das Schloß ausfegen. »Wir haben ja den Adel an seinen Zöpfen aus dem Sumpf gezogen, indem wir sie ihm abschnitten«, sagt der Sigi, nur gelegentlich ein wenig verwundert ob der seltsamen Zeiten, »wo sich die Macht der Friseure einschleicht«.

Es gibt sie wohl immer noch, die Verweigerer, die im

Salon um die Ecke für den Haarschnitt zehn Mark bezahlen, seit zwanzig Jahren schon, noch immer nachträumend dem Busen ihrer Friseuse in pubertärer Zeit, oder die anderen, Nostalgiker auch sie, die von jenen wirklichen Haarkünstlern schwärmen, die stets nur bei ihrem Vornamen sich nannten, den Königen gleich, die sie gelegentlich coiffierten. »So einer wie der Alexandre machte ja nie von sich selber reden«, sagt Gerhard Meir, der allerdings über die Fähigkeit verfügt, besonders schnell meistens von sich selber zu reden, bis er, der vollkommene Einfühlungsschauspieler, geradezu überschäumt, vor Charme und vor Rührung über sich selbst. So einen müssen die Medien lieben, so einer muß zum Star werden, in Zeiten, da der Klatsch fernsehreif ist, in den Neunzigern, mit ihrer Aura von Professionalität, da Prinzessinnen die Nähmamsell geben und Journalisten zur Gesellschaft zählen und ein jeder sich auf die Kunst des Networking zu verstehen hat.

Vorbei die Zeiten, da er sich, auf der Party eines ehemaligen Fernseh-Chefredakteurs in Hamburg, noch die Frage hat gefallen lassen müssen, wieso er denn eingeladen sei. Das sei ja nur die Revanche, hat er der Dame entgegnet, dafür, daß er den Gastgeber zu dem Sommerfest geladen habe, das er mit seinem Freund, dem Modemacher Reimer Claussen, alljährlich auf Sylt gibt. Heute schneidet keiner mehr den Friseur. Manchmal streitet er sich mit der Dame, sie ist inzwischen längst seine Kundin, über Politik, »du, ich fön dich nicht weiter, hab ich der gesagt, bis wir das ausdiskutiert haben«.

Dem Feuilletonchef einer Tageszeitung hat Meir kürzlich vorgeschlagen, eine Talk-Show zu machen in seinem

Salon, zwanzig Minuten Kultur, inklusive Färben und Fönen, die Frau Löffler mit Lockenwicklern, aber das würden wohl die wenigsten mitmachen, da gingen einem bald die Gäste aus. Heutzutage, da geht man zum Friseur, wo noch immer soziale Schicksale entschieden werden, wo der Franz Josef, inzwischen gewaschen, empfängt, Hollywood nachgestellt; da geht man zu Meir, um Beziehungen zu knüpfen oder wenigstens um am Nachmittag schon zu erlauschen, worüber man zu plaudern hat, in den Restaurants und in den Foyers der Theater, am Abend, wenn sich die Shampoo-Gesellschaft wiedertrifft.

Nur gelegentlich befällt den Friseur ein wenig Sorge angesichts des ganzen Rummels um die eigene Person, denn was soll danach noch kommen, schließlich wird er vierzig im August? »Vielleicht sollten wir die Fernsehserie doch ›Der Barbier von Schickeria‹ nennen?« So hat die »Bunte« ihn einmal genannt. »Oder Shampoo-Opera?« Peter Guber, der das Vorbild war für Warren Beatty in »Shampoo«, wurde Produzent, »A Star Is Born« mit Barbra Streisand war einer seiner Filme. Aber der Gerhard Meir »schneid' halt so wahnsinnig gern Haare«. Und ob des Ergebnisses ist wenigstens er selber noch jedesmal ganz begeistert, »suppa, einfach suppa, ist's heut wieder geworden«, wogegen sich nichts sagen läßt. »Das Dogma des Friseurs ist nicht Unfehlbarkeit, sondern Glaubwürdigkeit.« Sagt der Sigi. Und der Gerhard: »Eigentlich sind wir ja ein Team wie Diaghilew und Nijinsky.« Nachmittag eines Föns.

Forever Young oder Die ewige Pubertät

Die Deutschen werden immer jünger. Vielleicht sterben sie demnächst aus, aber wenigstens sterben sie jugendlich. Melatonin einwerfend und mit der Kraft des Zweitherzens, schreiten sie die Boulevards der Dämmerung hinab, nein, schreiten nicht, skaten, walken, biken, sonnengereifte Siebziger, Seit an Seit mit eisengeilen Sechzigern und all den anderen falschen Fünfzigern.

Aber selbst wenn in dieser Saison Armani und Comme des garçons mit den Hipsters – das sind Hüfthosen, worin noch Kate Moss fett aussieht – nach dem Bauchspeck werfen; und sogar wenn man überzeugt ist, daß alle Welt neuerdings eine Meise hat, von wegen, süßer Vogel Jugend, wen scherten die jüngsten modischen Ausschreitungen, der nicht gelegentlich selber Zahlenaerobic triebe: Runter mit den Jahren! Freie Sicht auf den eigenen Nabel, für alle! Den wenigsten ist sie doch vergönnt, denn niemals kann man jung genug sein. Nicht, solange es Spiegel gibt, in die man hineinschauen muß. Und solange es Radio und Fernsehen gibt, junge Autoren und junges Theater, jüngst schrieb eine österreichische Zeitung vom »Buben-Wunder«, Haußmann, Bachmann, Hartmann; junge Filme, »Männerpension« und »Der bewegte Mann«; junge Themen und junge Magazine und junge Zeitungen. Eine alte

Zeitung ist die von gestern; aber was ist eigentlich eine junge Zeitung? Und kann eine Zeitung auch alt sein, obwohl dahinter stets ein junger Kopf steckt? Jedenfalls leisten die meisten sich neuerdings Nachwuchsausgaben, für Mäxchen und seine kleine Freundin, »Future Magazine«, »Vision 2000«. Und die »ZEIT« veranstaltet sogar einen Literaturwettbewerb im Internet, zusammen mit IBM. Und es gibt junge Banken und junge Schokolade.

Soviel Jugend war nie. Allenthalben ist eine ewige Pubertät angebrochen. Und nicht nur, weil früh, mit zwanzig schon, sich im Health Club üben muß, wer mit fünfzig noch jung aussehen will. Es ist ja seit jenen Zeiten, als Hormocenta noch geholfen haben mag und die Jungen noch wirklich jung waren, nämlich Protest trugen statt Prothese, Jugend keineswegs mehr nur ein Symbol für Leistungsfähigkeit, Dynamik und Erfolg. In den Zeiten des digital chic, mit dem fetischisierten Internet, ist es Pflicht und Zwang, jung zu sein, weil die Jungen angeblich doch auch viel schneller lernen. Weil Jugend Zukunft bedeutet, und die hat schon angefangen, sogar die Telekom hat das gemerkt. In der Post-Moderne wird Jugend zur Ideologie, zur einzigen, die noch Bestand haben soll, sie wird zur Existenzrechtfertigung.

Nur gelegentlich wollte einen der Verdacht beschleichen, daß diese ganze Verjüngungskur auf Kosten von Vergangenheit und Tradition und Gedächtnis geht, welche abgespeckt werden sollen. Daß es sich in Wahrheit also gerade um die Alzheimerisierung der Gesellschaft handelt. Vielleicht werden die Deutschen im Ernst immer jünger.

»Jugend! Jugend! Es gibt auf der Welt nichts als Jugend!«

krähte allerdings schon Oscar Wilde. Denn alt, ganz alt ist jedenfalls der Traum von ewiger Jugend, so alt wie die Menschheit selber oder wenigstens wie die Beatles, mit denen ja alles anfing. Früher badete man in Eselsmilch und weißte sich den Teint mit Katzenkot, heutzutage schmiert man sich Erdnußbutter aufs Brot und Preparation H ins Gesicht, Hämorrhoidensalbe gegen die freien Radikalen. Vielleicht erinnert sich sogar noch jemand an jene Szene in Viscontis »Tod in Venedig«, da Gustav von Aschenbach – Dirk Bogarde – den Künsten eines Friseurs sich anvertraute, »eine unbedeutende Nachhilfe, nun kann der Herr sich unbedenklich verlieben«. Und später am Strand, wenn er seinem Tadzio hinterhersäftelt, läuft ihm die schwarze Tünche übers Gesicht.

Strenggenommen ist der Jugendwahn sogar älter als diese ganze Jugend selbst, die, als ernstzunehmende Lebensphase und soziokulturelles Phänomen, eine Erfindung der bürgerlichen Stände und des beginnenden Industriezeitalters ist, von Rousseau und Pestalozzi herbeigezärtelt, und zweifellos auch eine Folge der verbesserten hygienischen Verhältnisse. Früher, und in manchen agrarischen Gesellschaften noch immer, wurde man vom Kind zum Mann, dafür gibt es Initiationsriten, in Wien den Opernball.

Was könnte auch so erstrebenswert sein, so begehrenswert an jenem pickelreichen Zustand, da man alle Möglichkeiten hat, nur nicht die, sie zu nutzen? Zur Weihe gelangte die Adoleszenz, als das vorige Jahrhundert zu Ende ging: mit Jugendbewegung und Wandervogel – »Mit uns zieht die neue Zeit« –, Nacktturnen und zarten Pubertätsdramen, wie »Der Tor und der Tod«, auch weniger zarten, wie »Frühlingserwachen«. »Jugend« hieß eine Zeitschrift und jener ganze Stil, der darin kultiviert wurde, den manche als solchen gar nicht gelten lassen wollen, ach, die Blümlein alle. Danach kamen Verdun und Schützengrabenerlebnis, und noch später gab es die Hitlerjugend.

Und es gibt auch das Jugendirresein, die Hebephrenie, welche eine spezielle Form der Schizophrenie ist, die gewöhnlich in der Pubertät auftritt, von Streß oder Entscheidungsnot ausgelöst ist, zu seelischer Verödung führt, allerdings vorübergehen kann. Unheilbar dagegen ist die Angst der Alten zu veralten.

»Was sollte noch über sie kommen?« schrieb vor fast hundert Jahren Richard Beer-Hofmann, einer der Protagonisten des Wiener Jugendstil. »Wie sie jetzt mit offenen Augen ins Leere sahen, so sahen sie jede Nacht ins Dunkel, wenn sie vor Sonnenaufgang erwachten und ohne Schlaf dalagen, den Tag erwartend... Haß gegen eine Welt, die treulos nun anderen gehörte, stach aus ihren Augenhöhlen, und ihre schmalen, blutlosen Lippen preßte der Neid. Das Alter!«

Der japanische Dichter Yukio Mishima erkannte, als er in seinen Dreißigern war, daß in Folge der längeren Lebenserwartung auch im Jenseits immer mehr Alte anzutreffen seien, keine wohlgestalten Leiber, wie damals bei den Römern, welche in der Regel jung verstarben. Daraufhin begann er, Bodybuilding zu treiben, und legte sich eine Leibgarde junger Männer zu, eine rechtsradikale Privatarmee. Nach einem Putschversuch 1970 beging er Seppuku, er schlitzte sich den Bauch auf und ließ sich von einem Gefährten den Kopf abschlagen.

Wann hat man eigentlich das Verfallsdatum erreicht? Jenen einen Geburtstag, der ein Todestag genannt werden müßte, weil man von da an verdorben scheint für all die schöne Jugend, zu der man verdammt ist, in alle Ewigkeit? Wenn man in Büchern heimlich das Alter der Verfasser nachschlägt? Oder wenn man anfängt, Joseph Roth zu zitieren?

Der nicht mehr ganz jugendfrische Autor schrieb nämlich schon 1930 wider die »Überschätzung der Jungen«, jene überall sich breitmachende Unsitte, daß »die Jugend eines Autors heutzutage schon seine Begabung und seinen Erfolg zu garantieren scheint«. Den meisten ist, was Roth beschreibt, heutzutage ja Programm und Dogma: »Der forschen Ungebildetheit, der selbstsicheren Naivität, der rechthaberischen Ahnungslosigkeit, der neusachlichen Simplizität – Eigenschaften, die der schreibenden Jugend heute in so hohem Maße eigen sind – begegnen angegraute Verleger und in Skeptizismus und Ehren gealterte Kritiker mit nahezu demütigem Respekt... Wo immer die Jugend sich an ihre Schreibmaschinen setzt, beginnt das Alter, ehrfürchtig zu lauschen, und Greise beeilen sich, Jünglingen zuvorzukommen.«

Aber selbst wenn man sich nun einmal entschlossen hätte, auch künftighin in den Kinderzimmern der Verlage und Agenturen zu antichambrieren, es wüßte einem doch so genau niemand zu sagen, was eigentlich jung ist. Weil dies täglich wechselt. Was auch ein Schutz gegen das Alter ist. Dorian Gray wurde bekanntlich durch ein Buch vergiftet, Huysmans' »A rebours«, das war damals das Buch der Bücher. Was aber ist die Bibel des Anti-Age?

Vielleicht hat man noch gerade, lange ist es her, Jay McInerney gelesen und jüngst Michael Chabons »Wonder Boys« vom Nachttisch geräumt, hat Frank Castorff eben applaudiert, weil der trotz Bauchansatz und Haarrückgang jung ist, sich im Kino »Stirb langsam, Teil 5« angesehen und kennt auch John Travolta, weil man vor zwanzig Jahren noch in die Disco durfte. Jedenfalls ist Travolta jung, Claudia Nolte aber nicht. Jung sind Alicia Silverstone und Liv Tyler, aber ist Brad Pitts Ziegenbart noch jung? Sogar Rudolf Scharping hat sich inzwischen rasiert.

Früher einmal kämpften die Söhne gegen die Väter, inzwischen, da man die Töchter nicht mehr von den Müttern unterscheiden kann, wechseln auch die Generationen täglich, die 78er, die 89er, die 96er. Es lohnt sich daher nicht, auf Schulhöfen rumzulungern. Wie ohnedies die 16-, 17-, 18jährigen zwar die Moden machen; was Mode ist, aber bestimmen andere. Das sind meist dieselben, inzwischen auch schon ein wenig in die Jahre gekommen, die in den Siebzigern, als alle Welt noch auf der Couch lag, in die Startlöcher sich begaben, um dann, in den Achtzigern, mit Tempo den Zeitgeist zu analysieren, die Kindergarten-Cops des Kulturbetriebs.

Zwei Schulen gibt es seither, die einen frühgereift und zart und traurig, die anderen mehr glamourös, hardboiled Hollywood. Die einen vergießen, mit Douglas Coupland, Tränen darüber, daß sie ihre Jugend ohne Gott verbrachten, die anderen, daß sie teure Klamotten trugen; Krokodilstränen, Vaterland, Faselland. Und beide gemeinsam bzw. ihre überwiegend männlichen Zöglinge scheinen – und nicht erst seit Erfindung des Girlie, unserer Zweit-Twiggy – unter einer Art Anorexia culturalis zu leiden. Wie eine Seuche hat diese intellektuelle Magersucht inzwischen die Fernsehsender und Feuilletons befallen, die Auszehrung von Gedanken und historischem Bewußtsein, und diejenigen, die es besser wissen müßten und wissen, sie rühren statt dessen ihr Breichen, das sie, wir sind nicht politisch, aber cosmo, lieber pulp nennen. Man kann es auch Jugendkitsch nennen.

Wie war es doch in den Achtzigern, in der Postmoderne, so bequem, als noch zitiert werden durfte. Zitiert wird ja auch noch immer, nur meist ohne Quellenangabe, die Moderne rauf und runter und die Romantik gleich dazu, von Identitätsverlust und virtuellen Welten; und dann und wann ein wenig Karl May. Aber Jugend ist einzigartig, das ist ihr Privileg, das ist ihre Definition. Erst später hat man Gedächtnis, für eine kurze Zeit, bis man wieder zum alten Blödian wird. Nur geht einher mit der Entziehung des Wortes die des Gedächtnisses, Georg Lukács hat das einmal geschrieben, in einem Aufsatz über den Stummfilm, »Alles ist möglich!« Vielleicht war es auch George Lucas.

Nicht daß nicht immer noch klug gedacht wird, aber vor allem wird originell gedacht. Nun wehrt sich Jugend mit Recht gegen all jene, die Archäologen des Immergleichen, kulturpessimistischen Oberlehrer, die stets schreien: Alles schon einmal dagewesen. Weshalb sie lieber gleich auf den Müll der Geschichte wirft, was dann recycelt werden kann: So erfindet sich Jugend die Moderne stets neu. Am Ende bleiben von allen Moden die Burda-Moden.

Es ist der Haß gegen das Alte ja nichts anderes als das gebrochene Versprechen des Neuen. Veraltet ist stets, was mißlang; vermutlich stammt das von Adorno. Insofern folgen auch unsere Jüngsten nur dem Gesetz der Söhne. Oder, eher, der Enkel. Aber nicht nur, daß seit dem letzten mißlungenen Jugendexperiment politische und wirtschaftliche und kulturelle Macht stetig auseinanderdriften, wofür jene, die es unternahmen, noch von ihren Kindern und Kindeskindern verantwortlich gemacht werden: daß sie ihnen nichts ließen, wogegen sie protestieren könnten.

Statt dessen macht eine fröhliche Schüttellähmung sich breit, heute Jugendwahn, morgen Hühnerpest; eine Art künstlich herbeigeführter Autismus, der sich in den Techno-Discos allenthalben erlernen läßt. Aber auch das war schon da. Als Franz Biberkopf aus dem Gefängnis entlassen wurde, ging er zuerst in ein Kino, in einen Stummfilm, und er war glücklich: »Lauter Menschen, freie Leute, amüsierten sich, hat ihnen keiner was zu sagen, wunderbar schön, und ich stehe mitten mang!«

Doch selbst wenn man sich davonmachen wollte, von der ganzen Jagd nach ewiger Jugend am besten gleich in die ewigen Jagdgründe, es bliebe einem ja sogar das verwehrt. Weil man vermutlich nicht einmal im Himmel am Türsteher vorbeikommt.

Golden Girlies

Fünfzig ist fabelhaft. Adieu, ihr Dreißiger, grausamste Jahre, da man Männern nachrannte und Karriere machte, ihr Vierziger wart auch nicht besser: Karriere gemacht und Männern nachgerannt, und jede Falte ein Abgrund, in den man am liebsten diese ganzen Jahre werfen wollte, auf Nimmerwiedersehen, Vierziger. Aber fünfzig, fünfzig ist fabelhaft. Fünfzig macht frei. Fünfzig macht fit.

Zwar ist, von einem gewissen Alter an, jeder Geburtstag so überflüssig wie ein Loch im Kopf, aber mit fünfzig beginnt ein neues Leben, mit fünfzig fängt das Leben überhaupt erst an. Das ist ja derzeit überall zu lesen: »Ab vierzig. Über Frauen, wie sie leben, was sie denken, wer sie sind«, »Keine Angst vor Fünfzig«, »Mythos Alter«. Oder »Frauen im Aufwind«. Macht vermutlich die fliegende Hitze.

Denn, nein, mit dem Alter ist nicht zu spaßen, wir locken, heißt es da, »die Menopause aus ihrem Versteck«, »wir packen dieses Jahrzehnt am Schopf«, immer feste zu, schreiten locker über die »Kreuzung der Lebensmitte«, die »Doppelbremse von Sexismus und Altersfeindlichkeit«, uns bremst sie nicht, wenn wir uns »an unseren Körper wenden mit der Frage, wie das neue Land Alter aussehen wird«, ein wenig fleckig vielleicht, aber auch »Leberflecken haben Humor«, denn »Leben ist Veränderung«. Und so schreiten wir mit Erica Jong, einzig humorbegabter unter den Klimakteriums-Kassandras, »Premarin einwerfend in den Sonnenuntergang«.

Und nicht nur in den USA marschiert die Frauenbewegung – mit den Autorinnen Betty Friedan, Germaine Greer und Gloria Steinem an der Spitze – ins New Age. Auch hierzulande hat die neue Zeit begonnen. Schon feierten die starken Fünfziger ihre »Stern«-Stunde, auch wir haben unsere Menopausen-Pionierinnen: Alice Schwarzer und Gertrud Höhler, Domenica und die Bischöfin Jepsen. Früher, früher einmal, machten sie sich mit fünfzig vom Acker oder gleich auf den Gottesacker, denn »das Leben, das man so sehr zu verlieren fürchtet, ist allemal zu lang«, das schrieb George Sand, »für die, die geschwind das durchschauen, was sie zu sehen bekommen, alles wiederholt sich und läuft bis zum Überdruß tot...«

Jedenfalls ist es viel zu lang, wenn darüber Bücher wie diese geschrieben werden. Aber auch Männer haben ihre Menopause, auch sie schreiben darüber Bücher und meist, das ist noch viel schlimmer, Kulturkritisches, abschwellender Bocksgesang.

Frauen kriegen erst mit fünfzig ihr Hoch, Frauen mit fünfzig stehen auf ihre Falten, Frauen mit fünfzig machen keine Kompromisse mehr. Sie machen Kompressen und niemals es sich auf ihren Collagen-Polstern bequem. Sie verlassen ihre Gatten nach zwanzig Jahren, die Männer haben sie nun hinter sich, und beginnen eine Gestalttherapie, oder sie heiraten mit fünfzig zum erstenmal, weil sie endlich gelernt haben, was eine Beziehung ist, »man muß es nur wollen«, ihn wollen, den Mann, den sie stets übersehen hatten, solange sie ihn übersehen konnten. Keinen romantischen Heathcliff mehr, sondern, empfiehlt Gloria Steinem, lieber einen Mr. Rochester; der war bekanntlich blind, als Jane Eyre ihn kriegte.

In ihren Häusern in Connecticut oder in der Toscana, wo leise der Kalk rieselt, aus osteoporösen Knochen, tanzen sie, zu den Songs der sechziger Jahre, in Doc Martens und Biker-Shorts, die »Red Hot Mamas«, wie Colette Dowling sie nennt, unsere Golden Girlies, die Menopausen-Mänaden. Manche wollen noch einmal Mutter werden, wem schenken sie das letzte Ei? Oder sie diskutieren Hitzewallungen und andere Klimakatastrophen. Östrogen oder nicht Östrogen ist hier die Frage, neuerdings wird auch Testosteron empfohlen, die Kinnhaare zupft man einfach aus. Die meisten aber haben die Hormon-Cocktails ohnehin satt, es sind dieselben, die ihre vergangenen dreißig Jahre mit PMS verbrachten, permanentem Menstruationssyndrom: »Geht es dir nicht gut, hast du gerade deine Tage/vor dir/gehabt?«

Nun haben sie andere Sorgen auf dem Buckel: Wie hältst du »die Vagina schlüpfrig«, »Lernen Sie den Massagestab ›Prelude 3‹ kennen!« Der ersetzt einen Kuß voll und ganz. Oder sie dringen in die Fitneßstudios ein, nicht jeder wird darum noch ein Turner beschert. Doch auch wenn Ihr Mann längst mit einer Jüngeren übt, trainieren Sie Ihre PC-Muskeln! Das sind nämlich die pubococcygealen, welche die Vagina umschließen: »Beginnen Sie mit 15 Kontraktionen pro Tag!« Oder lieber gleich mit einem Gewichtset, fünf Vaginalkegel zwischen 20 und 70 Gramm:

»Wenn Sie das Gewicht sogar beim Husten oder Lachen halten können, sind Sie bereit, zur nächsten Größe überzugehen.« Östrogen hilf! Auch gegen Inkontinenz, auch verbale, und gegen Gedächtnisschwund! Ach was, glücklich ist, wer vergißt, am besten diesen ganzen falschen Fünfziger. Mit sechzig fängt das Leben an.

Lesben und lesben lassen

An manchen Abenden, in einer düsteren Bar vielleicht, am Rande der ehemaligen Rotlichtbezirke, die inzwischen zu multisexuellen Erlebnisparks geworden sind, sollen sie sich noch heimlich treffen: Männer, die ausschließlich Frauen lieben, Frauen, die Männer lieben und sonst gar nichts. Hoffnungslos Gestrige, Angehörige einer aussterbenden Spezies, die sich einst als heterosexuell oder straight bezeichneten. Heute nennt man sie lieber monosexuell und XX- und XY-Chromosomen-Träger, weil zwischen Frauen und Männern so genau nicht mehr zu unterscheiden ist. Bisexualität ist die Mode der neunziger Jahre, verkünden »Newsweek« und MTV. Anything goes. Oder: Nimm, was du kriegen kannst. Hatte man gerade noch den lesbian chic aufgelegt, die neue Sprache der Liebe gelernt, von Butch (»männliche« Lesbe) und Femme (»weibliche« Lesbe), Lipstick-Lesben (Madonna-Imitate) und »Vanillas« (bevorzugen Kuschelsex) zu reden, ist dies schon wieder der Sex vom vorigen Jahr: Heut' gehn wir androgyn. Also weg mit dem Lippenstift. Oder her damit, je nach Chromosomenlage. Im Zweifelsfall handelt es sich bei dem langhaarigen Vamp auf Stöckelschuhen um einen Mann, während der Kerl in Stiefeln mit der GI-Rasur eine Frau ist. Oder auch nicht.

Wie immer waren es vor allem die Pop-Stars, die sich an die Spitze der Bewegung stellten, Courtney Love und R.E.M.-Sänger Michael Stipe, das Model Rachel Williams, von Madonna und Sandra Bernhard, die sowieso alles mitmachen, ganz zu schweigen.

Der »Suede«-Sänger Brett Anderson nennt sich eine »Bi-Jungfrau«, da ihm die homosexuelle Variante der Affäre noch nicht vertraut ist. Der »Rolling Stone«-Verleger Jann Webber hingegen hat seine Ehefrau wegen eines Mannes verlassen. Und in England hat die Trend-Kassandra Julie Burchill, als notorische Lesbenhasserin bekannt, ihren Gatten, den Autor Cosmo Landesman, um einer elfenhaften Nachwuchskraft der »Modern Review« willen sitzenlassen.

Bisexualität ist, meinen die Spötter längst, vor allem eine Mode. Oder ein Parfüm von Calvin Klein: Der Einheitsduft, für Männer wie für Frauen, ähnliches ist inzwischen auch von Bulgari zu haben, dürfte allerdings, so geruchsneutral und wasserklar, so rein, allen Hautgoût von Sex vertreiben. Andere Modemacher kokettieren schon lange mit dem erotischen Wechselspiel, Gaultiers Männerröcke und Stretchuniformen sind inzwischen ein alter Hut, dafür ließ die »Vogue Uomo« die neue Prada-Frauenkollektion mit männlichen Models fotografieren, und auch für Dolce & Gabbana warben die Herren als Damen. Wo Formen in den letzten Jahren noch etwas galten, bei Thierry Mugler etwa, gehörten sie meist einem Transvestiten oder, wie man nun lieber sagt, einem Cross-Dresser.

Die Drag Queens, die Frauen-Darsteller, haben die Bars der Subkultur verlassen und tauschen neuerdings, für die

Werbung, sogar das Korsett gegen eine Levi's Jeans. Das bekannteste jener Nachtgeschöpfe, RuPaul, ist das Kosmetikgirl von M.A.C. und wirbt außerdem für Baileys Irish Cream, RuPauls Autobiographie, »Lettin It All Out«, ist im Disney-Buchverlag Hyperion erschienen.

Im Familienprogramm tummeln sie sich ohnedies, von »Roseanne« bis »Melrose Place« kommt keine Seifenoper mehr ohne ihren Cross-Dresser oder sonstwie Geschlechtsverwirrten aus. Wie lange muß Lilo Wanders hierzulande noch allein die Stellung halten, wann endlich wird Lindenstraßen-Klausi seine wahre Liebe entdecken und zu Mutter Beimers Schürze greifen?

Auch in Hollywood ist, nach den Erfolgen von »The Crying Game«, »Paris Is Burning« oder »Priscilla, Queen Of The Desert«, der Fummel angekommen. In der Spielberg-Produktion »To Wong Foo, Thanks for Everything, Julie Newmar« stranden die gestandenen Damen Patrick Swayze und Wesley Snipes, als Gewinner eines Drag-Queen-Wettbewerbs, noch auf dem Weg zum Ruhm in einem Provinznest – wo sie allerdings auch hingehören, solange sie aussehen wie eine Mischung aus Dame Edna und Charlies Tante, so weiblich wie Mel Gibson jüngst im Schottenrock; auch der als Mrs. Doubtfire einschlägig erfahrene Robin Williams ist da, mit einem Kurzauftritt, kaum fehl am Platz. Ansonsten aber sind die tollen Tunten kaum aufzuhalten. Gerade wird Mike Nichols' Broadway-Remake von »La Cage aux folles« verfilmt, andere Filme werden folgen. Vielleicht hat man in Hollywood endlich erkannt, daß es Meg Ryan und Julia Roberts eben doch an Glamour fehlt.

In Londoner Clubs hingegen sind die Drag Queens schon wieder out, hat man eine gesehen, kennt man die meisten Judy Garlands oder Mae Wests. Statt dessen sind die Drag Kings im Kommen, die Frauen mit den Schnurrbärten, in Clubs wie »Naive« zahlen sie nur den halben Eintritt. In Cable Shows und Workshops können sie lernen, wie man sich den Busen weg- und das Brusthaar anklebt. Und sogar John Travolta hat die Zeichen der Zeit erkannt, weshalb er seinen dreijährigen Sohn Kleider tragen läßt, damit er nicht mit den »traditionellen Sterotypen« aufwachse. Doch Vorsicht, auch Hemingways Mutter hatte ihren Kleinen einst in Mädchenkleider gesteckt.

Es ist ja alles schon einmal dagewesen, die modische Flatterhaftigkeit und auch ihre erotische Praxis, die Bubikopffrisuren der Flapper in den zwanziger Jahren, Marlenes Smoking, die Unisex-Mode in den Siebzigern und David Bowie und ein Frauenparfüm namens »Charlie«. Und sogar in den Achtzigern, als zumindest in der Mode die Unterschiede wieder betont wurden, versuchten Magazine, das dritte Geschlecht neu zu erfinden, das androgyne, von dem Plato – im »Symposion« legt er es Aristophanes in den Mund – sagte, es sei das ursprüngliche: ein Wesen, männlich und weiblich zugleich. Und Virginia Woolf und Eleanor Roosevelt, Cary Grant und James Dean und Leonard Bernstein, all die Heroen zweideutigen Charmes, sie werden nun wieder zu Vorbildern herangezerrt. Vielleicht würdigte endlich jemand die Verdienste des FBI-Chefs J. Edgar Hoover, der gelegentlich, ganz intim, im Damenkleid sich zeigte. Auch die Herren Kissinger, Bush und Reagan und neuerdings der erzkonservative Newt Gingrich erfreuten sich, im Sommercamp des exklusiven »Bohemian Grove«-Clubs, zu dem nur die Mächtigen und Reichen männlichen Geschlechts Zutritt haben, der einen oder anderen Cross-Dressing-Darbietung.

Die Schriftstellerin Edna St. Vincent Millay, gelegentlicher Gast an Dorothy Parkers Tafelrunde im New Yorker Hotel Algonquin, antwortete einmal auf die Frage eines Psychiaters, ob ihre Dauerkopfschmerzen vielleicht damit zusammenhingen, daß sie sich manchmal, ganz unbewußt und impulsiv, zu ihrem eigenen Geschlecht hingezogen fühle: »Ach, Sie meinen, ich bin homosexuell? Natürlich bin ich das, und heterosexuell außerdem, aber was hat das mit meinen Kopfschmerzen zu tun?«

Und von Woody Allen ist der Satz überliefert, erfunden hat er ihn nicht, Bisexualität »verdoppele immerhin die Chancen auf ein Rendezvous am Samstagabend«. Allerdings auch die Zahl der Konkurrenten. Und demnächst vermutlich die der erotischen Ratgeber: »Wenn Frauen im Dreieck lieben« oder »Seien Sie niemals eifersüchtig auf seinen besten Freund«.

Warum also sollten sich Modemacher damit begnügen, daß nur die Hälfte der Menschheit sich für ihre Unterwäsche interessiert? Pop-Stars und Filmdiven, die wirklichen, die darum auch von den Cross-Dressern am liebsten imitiert wurden, haben schon immer verstanden, ihre Interessen zu streuen, oder zumindest haben sie dies behauptet. Nun aber soll, was lange Zeit das private oder nicht ganz private Vergnügen weniger (oder nicht ganz so weniger) und die heimliche Sehnsucht vieler war, eine gewisse erotische Polyvalenz, die Massen bewegen.

»Eine neue sexuelle Identität« sah »Newsweek« heraufdämmern, die große Familie all derer, die sich nicht entscheiden können oder wollen, es auch gar nicht müßten, dies aber am liebsten öffentlich tun: Chacun à son goût, aber jeder soll es wissen. Bisexualität ist in den USA auch eine Intellektuellenmode und eine Ideologie.

Über kaum etwas wird heftiger theoretisiert und diskutiert als über sexuelle Identität, weil jeder glaubt, dabei mitreden zu können. Und weil, nachdem die großen politischen, sozialen und kulturellen Antagonismen aufgehoben scheinen und über die nach wie vor bestehenden geschwiegen wird, als einziges zu bleiben scheint: der Gegensatz der Geschlechter. Zumindest lenkt der Diskurs darüber von anderen intellektuellen Beschäftigungen ab. Und alljährlich erscheint eine neue Flut von Publikationen zu »gender studies« und »sexual politics« – in vielen Schulen inzwischen Bestandteil des Unterrichts.

Ganz vorn in der Theorie-Hitparade ist derzeit die Harvard-Professorin Marjorie Garber, eine Shakespeare-Spezialistin, die bereits eine umfangreiche Studie über Cross-Dressing, mit deutschen Titel »Verhüllte Interessen«, veröffentlichte. Ihr neues 600-Seiten-Werk, »Vice Versa. Bisexuality and The Eroticism of Everyday Life«, wird nun – gleich neben den Altmeistern Plato und Freud (der Bisexualität für eine universelle Disposition hielt, Heterosexualität allerdings für das normale) und der Anthropologin Margaret Mead (die vermehrte Heterosexualtät für eine Perversion ansah) – allerorten zitiert: zur theoretischen Stützung des neuen ganz schwachen Geschlechts.

»Bisexualität ist«, so Garber, »der Punkt, an dem all

unsere Fragen über Erotik, Repression und soziale Arrangements in die Krise geraten.« Auch sei Bisexualität verbreiteter, als man denkt; man sollte es nicht glauben. Keineswegs ist Bisexualität nur eine Phase im Leben, allerdings schwer zu definieren: »Eine Kategorie«, enthüllt die Autorin, »die den Begriff der Kategorie selbst auflöst.« Immerhin entspreche sie der »Natur menschlicher Erotik«. Auch auf die Frage, warum nicht ein jeder bisexuell ist oder sich so empfindet, hat Marjorie Garber viele Phrasen parat: »Unterdrückung, Religion, Verweigerung, Verleugnung, Faulheit, Schüchternheit, Mangel an Gelegenheit, vorzeitige Spezialisierung, ein Fehlen an Vorstellungskraft oder ein Leben, das bereits bis an den Rand gefüllt ist mit erotischen Erfahrungen, wenngleich mit nur einer Person oder nur einem Geschlecht.«

Die Pop-Philosophin und Madonna-Jüngerin Camille Paglia, die sich selbst als »Drag-Queen-Feministin« bezeichnet – weil »Queens im Gegensatz zu Feministinnen wissen, daß die Frau die Dominatrix des Universums ist« –, behauptet in ihrem Buch »Vamps & Tramps«, Bisexualität sei die »größte Hoffnung, den Animositäten und falschen Polarisierungen des gegenwärtigen Geschlechterkriegs zu entkommen«. Wenngleich der Paglia dabei die Begriffe ein wenig durcheinandergeraten, aber so geht das halt, wenn man Master of the Universe spielt und männlich oder weiblich ohnehin einerlei sein soll – es könnte doch das Spiel mit den Geschlechterrollen, das so neu nicht ist, in der Tat durchaus lustvoll sein.

Es sind ja, darin hat Garber recht, vor allem die Jugendlichen, die sich gegen die herkömmlichen Kategorisierungen wehren und sich, wenn es solcher bedarf, eher als bisexuell denn als homo- oder heterosexuell bezeichnen: Am liebsten, sagt eine der Befragten, würde sie sich ganz einfach sexuell nennen. Der Einheitslook jener, die von den Medien als Slacker oder Generation X geoutet wurden, Jeans und enges T-Shirt, war, lange bevor Werbekünstler wie Calvin Klein ihn entdeckten, auch eine Art Gegenbewegung zum Power-Dressing der Achtziger. Allzuviel war ohnehin nicht mehr zu erobern, und wenn man schon keine Wahl hat, dann wenigstens noch die zwischen den Geschlechtern, nach dem Motto »We are young, we are free, we are bi.« Die neue Androgynie, spottete ein englischer Kritiker, habe denn auch mehr fiskalische als physikalische Ursachen.

Und Unentschiedenen, die schon wieder nach Eindeutigkeiten sich sehnen, könnte ein in den USA erschienener, nicht ganz ernst gemeinter Knigge für Lesben und Schwule Rat und Hilfe gewähren: »Do What I Say. Ms. Behavior's Guide to Gay & Lesbian Etiquette« von Meryl Cohn. Dort lautet der Test für unsichere Kandidatinnen: »Glauben Sie, daß es wirklich keine Frage ist, wie es um Whitney, Jodie und Olivia steht? Haben Sie auch nach dem College Ihre Beine unrasiert gelassen? Können Sie die Namen von Martinas Ex-Liebhaberinnen aufzählen?« Die Antworten künftiger Lesben sollten in allen Fällen ja lauten.

Es hat das Gay-and-Lesbian-Movement den Bisexuellen, wiewohl diese innerhalb der eigenen Reihen lange als Außenseiter galten, als sexuelle Doppelagenten, ihr Coming out erst ermöglicht, nicht nur weil gleichgeschlechtliche Liebe nicht länger stigmatisiert scheint, auch weil sich, vor allem durch die Aufklärungskampagnen der Homosexuellen, die Erkenntnis durchgesetzt hat, daß Aids nicht durch geschlechtliche Kontakte, welcher Art auch immer, übertragen wird, sondern nur durch ungeschützte. Aber wenn sexuelle Befreiung bedeutet, seine Neigungen auch frei äußern zu können, so gibt es längst einen Zwang, diese zu äußern, einen Gruppenzwang zur Befreiung. Und in den täglichen Talkshows kann sich ein jeder, indem er öffentlich beichtet, Absolution erteilen lassen für die Sünden, die er begangen zu haben glaubt: Lesben und lesben lassen.

Dabei ist die Homosexuellen-Bewegung durchaus uneins. Es wird diskutiert über die Frage, ob sich Homosexuelle der »Normalität« anpassen sollen. Auch in Deutschland drängen sie ja heftig nach dem Trauschein, als sei die Ehe durch die jahrhundertlange Praxis nicht endlich desavouiert. Im Gegenzug wird in den Schwulenbewegung immer noch Männlichkeit idealisiert, der »gesunde«, muskelstrotzende Mann, der Macho, der alle Feminität abgelegt hat, nur ist da Stilisierung als Rollenspiel längst erkannt. Derweil in der Lesben- und Feministinnen-Bewegung ganz ernsthaft, von Autorinnen wie Garber oder Judith Butler, darüber nachgedacht wird, daß Geschlecht, soziokulturelles wie biologisches, ein sprachliches Konstrukt sei, und sonst gar nichts, das Weibliche eine Erfindung des Männlichen: Vice versa gilt hier nicht unbedingt, die Frau bleibt ein Opfer des Mannes.

Die schöne neue Bisexualität aber verspricht nun endlich politisch korrekten Sex. Endlich werden alle Unterschiede, die ja nichts anderes als Unterdrückung bedeuten, aufgehoben sein. Am Samstagabend verabreden sich dann zwei »Angehörige einer fiktiven Kategorie namens Frau«, oder es trifft sogar ein »menschliches Wesen, das zufällig einen Penis hat« ein anderes »menschliches Wesen, das ohne Penis geboren ist«, zu einem garantiert nicht heterozentristischen Austausch. XY verzweifelt gesucht.

FAMILIENBANDE

Die Mutter

Es wird einem im Leben nichts geschenkt, nur dies Leben wird einem geschenkt, wofür man zu zahlen hat, sein Leben lang, mit Blumen oder mit Konfekt. Nur kommt so billig einer selten weg, es rettete doch keinen, und nicht einmal, daß man täglich älter wird und auch das Gedächtnis nachläßt, was manche mit Klugheit oder Reife schon verwechseln, bewahrte einen vor jenen eigentlichen Wucherzinsen, die einem abverlangt sind, Jahr um Jahr, und vor allem im Mai, diesem grausamsten Monat, wenn überall, in den Biergärten und auf den Wochenmärkten, die Kinderwagen, jene Terrorinstrumente gegen Arg- und Kinderlose, einen daran erinnern, wenn selbst die Natur, wo alles blüht und wird, einen gemahnt, an den Fälligkeitstermin, nicht den einzigen, aber den zum Feiertag geheiligten: Muttertag, Zahltag, da wieder einmal die Schuld abzutragen ist, zu tilgen doch kaum jemals – dafür, daß man wurde, was man niemals sein wollte.

Wie willig entrichtete man seinen Tribut an sie, die Mütter, die Unvermeidlichen, die Unentbehrlichen und so Unerwünschten, sie haben es einem von Kindheit an nicht anders beigebracht: »Wenn du noch eine Mutter hast, so danke Gott und sei zufrieden, nicht jedem auf dem Erdenrund ist dieses große Glück beschieden.« Und man feiert doch auch sonst einiges, Weihnachten und Ostern und Pfingsten und die Wiedervereinigung und sogar den eigenen Geburtstag, warum sollte man nicht jene feiern, die einen zu all dem verdammten, nur weil auch sie einst einer Vereinigung nicht widerstehen konnten, die Heroinen ihrer Hormone, die lieben Mütter, Muttis, Mamis, Erikas. Schon die Anrede ist ein Problem, dennoch herzlichen Dank und einen Strauß Blumen, dafür, daß sie uns fürs Leben verdarben. Der Konfekt ist ja inzwischen ein wenig aus der Mode gekommen, seit auch Mütter eine Linie haben, auf die sie achten.

Nur wollten sie niemals sich begnügen, mit den Blumen und nicht einmal mit dem schlechten Gewissen, das ihnen, auf Rosen und Nelken gebettet, frei Haus geliefert wird, das man sogar im Gesicht tragen wollte. Es pilgern doch gerade die notorischen Mütterhasserinnen zu jenem Fest ins mütterliche Heim, die Mütterhasser sind noch ein anderer Fall, denn es gibt die ganze Welt der Mütter, und es gibt die Mütter von Söhnen.

Was sie verlangen, ist Liebe, und sonst gar nichts, niemals aber die Liebe, die man zu geben bereit und in der Lage wäre. »Ich liebte sie auf meine Weise«, heißt es bei Brecht, »aber sie wollte auf ihre geliebt werden.« Wobei sie niemals so genau zu sagen wüßten, was diese ist, ihre Weise, weswegen sie niemals genug geliebt werden können, niemals richtig, jene, und von denen ist hier ja die Rede, denen die Liebe eine Hauptbeschäftigung ist, ihre besondere Begabung und ihre einzige Freude, denn so haben sie es von ihren Müttern gelernt und fühlen sich für die anderen Freuden inzwischen ein wenig zu alt. Vielleicht hätten auch sie selber, manche von ihnen, einst darauf verzichten können, auf diese Liebe, die manchmal den Namen kaum verdient, die ihnen aber die Natur abverlangt, die ihre Natur eigentlich ist: »O Mutterherz, wie unergründlich tief ist deine Liebe«, dichteten ehedem die Blumenhändler.

Denn es ist die Mutterliebe jener besondere Fall, daß ein Wesen nicht um seiner Eigenschaften willen geliebt werde, sondern aufgrund der puren Tatsache seiner Existenz. Dafür rächen sie sich, die Mütter, indem sie ihren Kindern, was Eigenschaften, sogar Eigenheiten hätten werden können, rechtzeitig austreiben. Sie müßten dabei nicht einmal soweit gehen wie jene Mutter, die sich vermittels Polycolor zu einem blauschwarz behaarten Sohn verhalf und ihre pubertierende Tochter in jene damals, in Folge einer Fernsehshow namens »Wünsch dir was« in Mode gekommenen durchsichtigen Blusen zwang, wovon diese einen dauerhaften Haltungsschaden erlitt.

Dafür rächen sich die Mütter in späteren Jahren, indem sie die Wirklichkeit noch immer souverän verachten, all das, wozu man, dank oder trotz ihrer Anstrengungen, dennoch wurde. Niemals aber könnte man ihrem Ideal entsprechen, sogar wenn man die Erwartungen übertraf und jene sich inzwischen die Leistungen ihrer Kinder wie einst das Mutterkreuz an die Brust heften – nur um sie dafür büßen zu lassen, mit ihren Fragen »Arbeitest du nicht zuviel?« und »Geht es dir wirklich gut?«. Die man sich aus der Müttersprache zu übersetzen hat in »Warum besuchst du mich so selten?« und »Wie siehst du denn aus?« Und dabei rupfen und zupfen sie stets ein wenig an der neuen Bluse, dem neuen Rock, den man eigens für sie angezogen hat, in der Hoffnung, einmal nur der Mutter zu gefallen, für die man stets zu düster, zu modisch oder zu wenig nach der Mode gekleidet war. Und ihr Kommentar wird lauten: »Weißt du, Rot trägt eigentlich immer ein wenig auf.«

Niemals wagten sie, sich einzumischen, in Fragen der Konfektion oder des Lebens, niemals beklagten sie sich, dafür drängen sie sich noch in die geheimsten Gedanken. Gnadenlose Märtyrerinnen, die ihre besseren Möglichkeiten, von denen sie vielleicht nicht einmal etwas ahnten, opferten, die sich niemals etwas gönnten, weil sie alles ihrem Kinde gönnten, dem sie ihr Leben opferten, damit es seines niemals genießen kann. Natürlich kränkeln sie seit Jahren schon, aber das Altersheim ist doch viel zu teuer, und außerdem können sie noch gut für sich selber sorgen, damit man von nun an minütlich mit jenem Anruf rechnet, von der Polizei oder aus der Unfallstation, um ans Krankenbett zu eilen – natürlich wollen sie niemals besucht werden –, wo sie einem, mit ihrer neuen künstlichen Hüfte und den frisch gestählten Dauerwellen, entgegenlächeln, ihr Dulderinnenlächeln, ihr gütiges Mütterlächeln, das sie stets aufsetzten, wenn sie einem verzeihen, was sie einem gerade wieder antaten.

Vielleicht kennen sie auch Reue, oder sie haben das »Drama des begabten Kindes« gelesen oder wenigstens davon gehört, weshalb sie einem nun ihre Liebe nachtragen, ihre selbstlose, reine Liebe, mit der sie einen sogar noch um die Gelegenheit betrügen, sie endlich einmal, nach all den Jahren des Schattenboxens, wirklich zu bekämpfen; ihre demütige, unerwünschte Liebe, die sie einem vor die Füße legen, wenn man sie am wenigsten brauchen kann, weil man dieser Liebe wegen jahrelang auf der Couch des Psychoanalytikers lag. Sie nähren ja diesen ganzen Berufsstand, und am Ende liegt man doch nur wieder auf Mutters Schonbezügen.

Man entkommt ihnen doch niemals, den Schattengestalten, niemals dem großen grauen Reich der Muttis. Vielleicht leistet man sich inzwischen neben dem Therapeuten eine Putzfrau und einen Steuerberater, welche man dafür bezahlt, daß man endlich Kind sein darf, und genießt dabei das heimliche Vergnügen, daß man erwachsen genug ist, sie dafür zu bezahlen. Man hat Freunde, die es gelassen ertragen, daß man sich weinend auf ihren Teppich wirft, die trösten und raten und einem die Beichte abnehmen, all die geflüsterten Geständnisse: »Auch ich habe sie gehaßt, sie war die Pest.«

Und vielleicht wollte man gerade sich überzeugen, daß man nun endlich gefeit sei gegen den Müttermythos. Männer vor allem neigen dazu, ihren Müttern dafür, daß sie ihnen ihre Neurosen verdanken, die schönsten Denkmäler zu setzen, nicht nur in Kunst und Literatur.

Aber auch die Pest glaubte man besiegt, und sie kehrte zurück. Und wie sich schützen gegen jene Wiedergängerinnen, jüngsten Müttermaterialisationen, die alles besser machen wollen als ihre Mütter? Niemals würden sie ihre Kinder strafen, weswegen sie mit diesen ihre Umgebung strafen, ihre Männer zuallererst, die sie in Schwangerschaftskurse zwingen, damit sie das Pressen üben. Es gibt sogar den Fall einer Mutter, die ihren 14jährigen Sohn zwang, die Geburt seiner jüngsten Schwester fotografisch zu begleiten. Wie sich wehren gegen diese Mütter, die das Muttersein noch immer als Vollzeitbeschäftigung betreiben, doch niemals mehr zu Hause allein, sondern in den Restaurants und den Cafés, wo sie einem zwar seltener den Anblick der Farbe Lila, doch immer noch den ihrer entblößten Brüste, dazu den säuerlichen Geruch erbrochener Milch vergönnen und mit schlimmeren Vergeltungsmaßnahmen noch drohen, versuchte man nur die Stimme zu erheben gegen die akustischen Attacken ihrer Lieblinge.

Ihren kleinen Erwachsenen erklären sie früh, daß der Muttertag zwar eine Erfindung der Amerikaner sei, schlimm genug, aber vor allem von den Nazis gepflegt wurde, daß Mutter daher alle Geschenke ablehne, und sie sind nur ein wenig enttäuscht, wenn das uneinsichtige Kind Mutters Weigerung, ihm die Schuhe zuzubinden, niederbrüllt: »Du bist die blödeste Mutter vom ganzen Muttertag.« Stets aber sehen sie etwas verächtlich herab auf jene anderen, die ihren Beruf nicht nur als Intermezzo auf dem Weg zu ihrer eigentlichen Bestimmung begriffen, die Kindermädchen beschäftigen und sogar zu gestehen wagen, daß sie sich mit ihren Kindern gelegentlich langweilen. Niemals könnte ihnen dies widerfahren, die sie ihren Beruf opferten, um morgens ihr Einzelkind zum Schulbus zu fahren, an der Haltestelle eine Viertelstunde im Regen mit ihm zu warten, die Autofahrt zur Schule dauerte fünf Minuten, könnte aber zu Kontaktstörungen führen. Früher, früher einmal gab man Kinder an Dienstboten ab, um sie am Mittag eine halbe Stunde zu empfangen und vielleicht noch einmal vor dem Abendessen, aber früher führte man auch Kriege, oder man widmete sich der Liebe.

Es gibt sie noch, die Enklaven im Mutterland, im friedfertigen Land der Vollwertmütter, jene Zonen, die noch nicht von der fortschreitenden Infantilisierung befallen sind, doch sie werden immer seltener. Und nicht einmal, daß man zur Kinderlosigkeit sich entschied, schützte einen, es entgeht doch keine ihrem Schicksal, solange es Männer gibt. Männer, denen man zwar vielleicht nicht sofort abverlangte, daß sie ihre Wäsche vorbeibringen, wofür man sich, wenn sie es endlich tun, auf ewig rächen kann, denen man aber, auch wenn sie sich nur auf einen Kurzbesuch einstellten, noch einen Kaffee ans Bett servieren kann.

Niemals, das hat man sich geschworen, wollte man konkurrieren mit den Müttern, mit den eigenen ohnedies nicht und niemals mit jenen eigentlichen Schreckensherrscherinnen, den Männermüttern, Woody-Allenschen Gespenstern, hoch am Himmel über Manhattan, auch nicht mit der allzu irdischen Erscheinung, die einem gelegentlich begegnete, in einem Einfamilienhaus im Fränkischen, dessen Badezimmer sie stets zu putzen pflegte, nachdem man es benutzte. Oder jener anderen, nur aus Erzählungen vertraut, die den Chefredakteur ihres Sohnes aufsuchte, um sich nach dem Fortkommen ihres »Männlein« zu erkundigen. Und niemals würde einem widerfahren, was einer Freundin geschah, die ein Telefonat ihres Lebensgefährten mit einem gewissen »Mäuschen« erlauschte, welches ihr wenig später als seine Mutter vorgestellt wurde, woraufhin sie ihn, nicht sofort, verließ, um sich erneut zu verlieben. Nach drei Monaten erfuhr sie, daß er seine Mutter »Maus« nannte und seit siebzehn Jahren verheiratet war.

Niemals würde einem dies geschehen, niemals wollte man sein wie sie, die Mütter oder ihre Metamorphosen, die Ehefrauen, die sich stets drängelten in die Gespräche und die Küsse und sogar in die Betten und die einem selber nur die Besucherritze ließen, statt dessen lieber die morgendlichen Süßigkeiten mit nächtlichen Terrorakten vergelten, daß man nicht genug geliebt werde oder nicht richtig, daß auch er eine Mutter habe. Worauf seine Antwort nur lauten kann: »Ich gehe zurück zu meiner Mutter.«

Die Midlife-Kreißis

Frühling ist, grausamste Jahreszeit, alles sprießt und sproßt und wird. Wie war es doch im Winter so bequem, in den Cafés und Restaurants so still. Weil in so einem strengen Winter Brust und Brut drinnen zu bleiben hatten, sogar ICE konnte man fahren, ohne daß einem die Milch um die Ohren spritzte.

Aber nun drängeln sie wieder, auf Wochenmärkten und in Biergärten, die Kinderwagen-Terroristinnen, die Müttermafia: »Nein, es schreit garantiert nicht.« Wieso heißt das Wort eigentlich »stillen«? Frühling ist, und am besten man bleibt zu Hause und liest ein Buch. Im Fernsehen, auf den Geburtskanälen RTL und SAT, kann der Arzt, dem die Frauen vertrauen, wieder einmal das Fruchtwasser nicht mehr halten, alle Dämme gerissen, und auch bei ARD und ZDF sitzen Sie auf der Samenbank: Kreißen Sie mit Chefsteward Sascha Hehn ums Kap der Guten Hoffnung.

Aber die Literatur! Letzte Enklave in der infantilisierten Gesellschaft, wo verläßlich stets im dunkeln blieb, wie ans Licht der Welt kam, was nicht zwangsläufig dies erblicken müßte. Nun ja, in »Tristram Shandy« geht es um nichts anderes, aber eigentlich geht es auch gar nicht darum, Zeugung und Geburt, alles nur eine Frage der Perspektive; und natürlich die Russen, Gorki zumal, aber die Russen schrekken auch vor nichts zurück. Hingegen Karin Struck endlich den ewigen Mutterschaftsurlaub angetreten haben dürfte; allerdings sollen in Italien neuerdings auch 58jährige schwanger werden können. Zwischen Buchdeckeln bekamen Frauen niemals Babys, sie bekommen heißes Wasser und Tücher, viel heißes Wasser und saubere Tücher, und Rhett Butler trippelt nervös vor der Tür auf und ab, vielleicht ist er auch schon wieder betrunken, jedenfalls blieb, was hinter der Tür geschah, ein Mysterium: Wozu all das heiße Wasser? Vielleicht daß die Babys darum immer so rosig aussehen und so laut schreien; Hummer, behaupten manche, wimmern leise, bevor sie in den Kochtopf getaucht werden. In jedem Fall kommt von daher wohl die Redensart, daß einer als Kind zu heiß gebadet wurde.

In Büchern waren Frauen gesegneten Leibes, was irgendwie suggerierte, daß männliche Beteiligung dabei von vornherein ganz und gar überflüssig war, oder sie hatten ein süßes Geheimnis. Heutzutage, da Männer in Schwangerschaftskursen das Pressen üben und mit Videokameras ihre Frauen in den Kreißsaal begleiten, diese Er-Presserinnen, da schützt einen nicht einmal mehr die Literatur vor Mutter Natur; das Ewigweibliche zieht uns hinab. Heute werden Bücher mit der Gebärmutter geschrieben.

Bei der israelischen Autorin Batya Gur, die ehemals Krimis schrieb, »Am Anfang war das Wort« hieß einer davon, verwickelt sich (in »So habe ich es mir nicht vorgestellt«) zum Beispiel die Heldin, eine Gynäkologin, in Nabelschnurvorfälle und löst schließlich die Plazenta manuell ab, wofür ihr, nach solcher Schwergeburt, Lob gebührt: »Ich bin sehr stolz auf dich, du hast etwas Großes geleistet.« Am Anfang war der Schleim.

Und auch die Deutschen wollen etwas abhaben vom Mutterkuchen. Niemand sollte den Deutschen fortan noch vorwerfen, daß sie zuviel und ergebnislos vor sich hinbrüten, allerdings sind es zumeist eher Lind-Würmchen, die da aus heimischen Schreibbatterien kriechen, Hera hilf. Ganz falsch jedoch ist, daß es sich dabei stets nur um den Mann dreht, vielmehr kreißt alles um die Frage, wie man noch mit 45 schwanger werden kann.

Indem man zu blöd ist, die Gebrauchsanweisung auf der Pillenpackung zu lesen. An den Männern kann es nicht liegen, weil das Problem ja mehr ist, wie es überhaupt noch dazu kommt, daß etwas zustandekommt, nämlich bei den Männern, und selbst dann: »Mehr und mehr Männer schießen mit Platzpatronen.« Müde Glieder, lahme Samen überall, und schon wieder wollen die Männer den Frauen weismachen, oder Gaby Hauptmann will es uns weismachen, daß es auf die Größe gar nicht ankommt: »Denn das Getue, als ob es wahnsinnig wichtig wäre, wer den Dickeren, Längeren hat, ist doch eigentlich nur ein Konkurrenzkampf zwischen den Männern im Hinblick auf die Frauen. Den Frauen selbst ist es doch meist egal!« Und darum hat man jahrelang Aufklärungsarbeit beim feministischen Stammtisch geleistet? Damit man am Ende was Kleines bekommt? Vielleicht liegt es auch daran, daß Frauen zuviel trinken, »Champagner und Kamillentee«, das spart den Mann voll und ganz, weil man vom Champagner manchmal Blähungen bekommt, und das ist mit einer Schwangerschaft leicht zu verwechseln. Oder man bekommt, wozu der Alkohol bekanntlich förderlich, ein Seehofer-Modell: nicht über vier Pfund, verkürzt die Wehen, spart den Kassen Millionen. Und wenn man den Gynäkologen dann auch noch heiratet, kostet's gar nichts.

»Frauen, die Prosecco trinken«, die wirklichen Karriere- und Klassefrauen also – das sind übrigens meistens Journalistinnen, und die haben das verdient, weil sie ständig mit irgendwelchem Unfug schwanger gehen –, haben für die Vorarbeit ohnehin keine Zeit und klauen ein Röhrchen aus der Samenbank, Sperma mit garantiert »intellektuellem Hintergrund«, von amerikanischen Elite-Universitäten: Glücklich strahlt die künftige femme foetale ihren Kühlschrank an, wo zwischen den Prosecco-Flaschen ihr Schatz wartet für einsame Abende – nicht oral anzuwenden!

Nur wie soll man, fragt sich die australische Autorin Kathy Lette (»Mein Bett gehört mir«), dem lieben Kleinen später erklären, wer sein Vater war – »ein Eiswürfelbehälter«? Vermutlich haben englischsprachige Frauen schon immer mehr Witz gehabt, reine Notwehr gegen die englischen Männer, oder warum können »Frauen niemals Witze erzählen. Der Grund ist, daß wir sie heiraten«.

Ja, wenn Gott einen als Legehenne gemeint hätte. Was kann schon erfreulich sein an einem Zustand, da man sich nicht einmal mehr allein die Zehennägel schneiden kann und aussieht wie ein Mann in mittleren Jahren? Schwangerschaft führt zu »Gehirnzellenverlust«, so daß man geistig zum »Blumenkohl« regrediert und freiwillig leggings trägt. Und wenn es dann endlich soweit ist und alles bald vorbei, stellt man fest, daß das »Design des weiblichen Reproduktionssystems eine Totalpleite ist« und der schönste Augenblick im Leben der Frau vermutlich der »mieseste sexistische Witz«; und danach, die Zukunft: »Rund-um-die-Uhr-Catering-Service – Essen auf Stöckeln.« Und wie soll man dem Kleinen beibringen, daß es vor Männern einen Tante zu nennen hat?

Aber es entkommt ihrem Schicksal doch keine. Auch nicht die zur Kinderlosigkeit sich entschieden: Auch sie haben Männer, und von Fellatio bekommt man irgendwann »Schwangerschaftsstreifen um den Mund«. Und Männer haben irgendwann keine Zähne mehr oder eine »alternative Kieferausstattung«, und spätestens dann werden sie zu Babys.

Was nützte nur der ganze Witz, wenn am Ende, selbst in den besseren Büchern, ein halsloses Monster die Heldin schon zum Lächeln bringt? Weil die Natur es eben doch aus einem herauszwingt. Brüllen vor Lachen möchte man angesichts solcher déformation maternelle, nur daß einen vermutlich, nach so viel Lektüre, gerade eine postnatale Depression befallen hat. Gibt es denn keine Mutterschutzgesetze mehr? Schreibverbot für Schwangere und solche, die es werden wollen? Kein Kontrazeptiv gegen Mundhöhlen-Schwangerschaften? Die es schon hinter sich und den Nachwuchs zur Welt gebracht haben, dürften allerdings glücklicherweise keine Zeit mehr haben zu schreiben, aber vermutlich können sie sich von den Honoraren Kindermädchen leisten, und dann schreiben sie über die lieben Kleinen: »Das Superfrüchtchen«, »Aus besserem Kreißen«. Und in zwanzig Jahren schreiben die lieben Kleinen selber Bücher, über ihre Supermuttis: Alice Miller, oder was?

Der Freud-Clan

Im Herbst 1924 machte der Hollywood-Produzent Sam Goldwyn dem »Experten auf dem Gebiet der Psychoanalyse«, Sigmund Freud, ein Angebot. Freud sollte eine »Geschichte für die Leinwand« schreiben oder nach Amerika kommen und »bei einem Großangriff auf die Herzen dieser Nation helfen«. Schließlich war, so Goldwyn, nichts unterhaltsamer als »eine wirklich große Liebesgeschichte«, und wer wäre besser geeignet, diese zu schreiben oder mit Ratschlägen zu helfen? Am 24. Januar 1925 war die Schlagzeile der »New York Times«: »Freud weist Goldwyn ab.«

In Hollywood ist er dennoch angekommen. Was wäre der ganze Film ohne Freud? Und 1962 verfilmte John Huston dann Freuds Leben, mit Montgomery Clift in der Hauptrolle; das Drehbuch schrieb Jean-Paul Sartre, der seine Aufgabe realistisch einschätzte: »Man kann zwar einen vierstündigen Film über Ben Hur drehen, aber das Publikum von Texas würde keine vier Stunden über Komplexe aushalten.« Von Sartres Entwurf blieb am Ende nicht viel übrig und auch nicht von der ursprünglichen Besetzung: Marilyn Monroe hatte eine Patientin Freuds spielen sollen, eine Hysterikerin. Das verhinderte Anna Freud, deren berühmteste Patientin die Monroe für sieben Tage im

August 1956, während der Dreharbeiten zu »Der Prinz und die Tänzerin«, gewesen war.

Nun ist mit Hilfe der Seifenoper und dank Ilona Christen und Hans Meiser die Psychoanalyse inzwischen auf jeder Wohnzimmercouch angekommen. Und was wäre nun gar zu halten von einer Geschichte, worin ein Vater seine drei Söhne enterbte, um alles der jüngsten Tochter zu vermachen, die ihn zärtlich liebte und keinen anderen Mann in ihrem Leben? Und einer der Söhne hätte wiederum drei Söhne, von denen zwei einander haßten und über zwanzig Jahre nicht mehr miteinander sprachen. Der eine, der einer der berühmtesten Maler seiner Zeit wurde, hatte viele Kinder, von vierzig sprachen manche sogar, und darunter waren auch einige Schriftstellerinnen. Von Eßstörungen und seltsamer Elternliebe erzählten ihre Bücher: Alles, alles wäre in dieser Geschichte, es tobten darin die Komplexe und die Neurosen. Und der Titel lautete: Der Freud-Clan.

Und diese Geschichte könnte beginnen in einem Club in London: ein Hinterzimmer, später Nachmittag, überall liegen Kleider herum, ein Model, Naomi Campbell, schminkt sich gerade, und vor einem anderen Model, Kate Moss, kniet eine junge dunkelhaarige Frau, um noch die letzten Änderungen an einem Rock anzubringen. Derweil im Saal sich die Fotografen drängen um einen großen grauhaarigen Mann, der aussieht wie eine Mischung aus Samuel Beckett und Lyle Lovett. Und dann, Rückblende, sähe man dieselbe junge Frau, nackt auf einer Couch, den Mann an einer Staffelei.

So könnte der Film über die Freud-Familie beginnen, doch genug der Kolpartage, denn es ist ja fast alles ganz wahr und wirklich. Und wenngleich auch wahr ist, daß das einstige Theorem der bürgerlichen Aufklärung, das letzte und das einzige, das noch Bestand haben soll vor der Realität, inzwischen zu einem Instrument der Massen-Verblödung verkommen ist: Man kommt doch an der Psychoanalyse nicht vorbei. Und schon gar nicht, wenn es um Familiengeschichte geht. Und wenn die Familie nun einmal Freud heißt: Stets ist da, und selbst wenn man sich vor aller Spekulation hütete, eine Beimengung von self-fulfilling-theory. Oder sogar self-fulfilling-family. Nur daß sich Ähnliches vielleicht auch erzählen ließe von den Manns oder von all den Kindern berühmter Väter. Wie Karl Kraus einmal sagte: Das Wort Familienbande hat einen Beigeschmack von Wahrheit. Heutzutage nur schmeckt die Wahrheit immer ein wenig nach Seifenoper.

Im Herbst 1993 also führte Bella Freud, die Tochter des Malers Lucian Freud und Urenkelin Sigmund Freuds, in London ihre erste große Kollektion vor, Naomi Campbell war eines ihrer Models (Kate Moss trat in einer späteren Schau auf). Im selben Jahr bekam Bella, 1960 geboren, einen Preis als beste Nachwuchsdesignerin. Ebenfalls in diesem Jahr erschien »Hideous Kinky« (deutsch »Kuß-Kuß in Marrakesch«), das erste Buch ihrer zwei Jahre jüngeren Schwester Esther, die sofort als eine der besten Nachwuchsschriftstellerinnen Großbritanniens galt.

Lucian Freud besucht stets Bellas Schauen, sogar das Logo ihrer Firma, einen Terrier, hat er entworfen und für Esther und ihre Halbschwestern, die Schriftstellerinnen

Rose und Susie Boyt, die Buchumschläge. Und er hat sie gemalt, Porträts, auch viele Akte, was manche Kritiker als Tabubruch ansahen. Wie er alle seine Kinder gemalt hat: Annabelle und Annie aus seiner ersten Ehe mit Kitty Garman; die Kinder aus seiner Beziehung zu der Malerin Suzy Boyt, Alexander, Rose, Isabella, Susie und ihren Halbbruder Kai; und Bella und Esther, aus seiner Verbindung mit der Lehrerin Bernardine Coverley.

»Aber Freud war ja bis vor kurzem in England alles andere als ein berühmter Name«, sagt Bella Freud. Bis 1988, als die erste große Lucian-Freud-Retrospektive in Washington, Paris und Berlin stattfand; fortan galt er, der stets gerühmt und in einem Atemzug mit Francis Bacon genannt worden war, als »der größte lebende realistische Maler« (so der Kritiker Robert Hughes in »TIME«). »In unserer Kindheit war es vor allem ein unaussprechbarer Name, Sigmund Freud kannten nur ein paar Intellektuelle.« Und Esther ergänzt: »Jetzt werden wir immer darauf angesprochen, ob wir mit Emma Freud verwandt sind, die ist hier so etwas wie ein Fernsehstar.« Emma Freud ist eine Kusine, die Tochter von Sir Clement Freud: Der Parlamentsabgeordnete, Sportreporter und Gourmetkritiker ist Lucian Freuds jüngerer Bruder, mit dem dieser seit über zwanzig Jahren kein Wort gewechselt hat. »Clement ist absurd«, sagte er einmal.

Gleichwohl ließ sich kaum ein Modejournalist das Wortspiel vom »Freudian Slip« entgehen (was im Englischen auch Freudsche Fehlleistung bedeutet); kein Verleger, kein Kritiker verzichtete darauf, die Verwandtschaftsverhältnisse zu erwähnen. Zumal Freuds Urenkelinnen in ihren Büchern stets Familiengeschichten erzählten, von schwieriger Kindheit und noch schwierigerer Pubertät; Esther in »Hideous Kinky« und auch in ihrem zweiten Buch, »Peerless Flats« (»Wunderbares Blau«). Und wenn nun gar ein Buch den Titel »Sexual Intercourse« (»Geschlechterverkehr«) trägt und das zweite »Rose« heißt, wie die Verfasserin, und beide autobiographisch sein sollen? Sie habe, sagt die 38jährige Rose Boyt, mehr an Shakespeare gedacht beim Schreiben, an King Lear oder Hamlet, »auch Sigmund Freud hat darüber ja geschrieben, man kann die Wahrheit auf viele Arten erzählen«.

Susie Boyt, 28, die jüngste der Halbschwestern, macht sich in ihrer ersten Erzählung »The Normal Man« (»Zuckerguß und falsche Liebe«) sogar ein wenig lustig über die Familienbande: Die Heldin, eine Zwanzigjährige, die um ihren Vater trauert und bei den Männern eine wenig glückliche Wahl beweist, träumt darin von einem Baby, das ausgesetzt wurde, und vielleicht ist das Baby sie selber: »Man mußte nicht Sigmund Freud sein, um sich ausrechnen zu können, was das bedeutete.«

Da sie alle mehr oder weniger ohne den Vater aufgewachsen sind – »er war allerdings regelmäßig da, oft genug«, so Bella, »und irgendwie war das eine beständige Verbindung« –, hatten sie auch mit dem Rest der Familie nicht viel zu tun. »Wir sind mehr auf unsere Generation konzentriert«, befreundet miteinander, und zum Interview, in einem Café – wie die beiden anderen wollten sie gemeinsam zu dem Termin kommen –, tragen Rose und Susie Boyt, natürlich, Samtjacken aus Bellas Kollektion, blau und schwarz. Ansonsten könnten die Halbschwestern kaum unterschiedlicher sein, dunkelhaarig und zierlich Esther und Bella; blond, so englisch blond die beiden anderen, Rose, die scheinbar Robustere, Ruppigere, und die schüchterne Susie. »Ja, wir sind eine große Familie. Und unser Vater hatte mit seiner Familie auch nicht viel zu tun, er war viel zu unabhängig.«

1938 war Sigmund Freud, zu Tode krank, mit seiner Frau, mit der Haushälterin und der Tochter Anna nach England emigriert. Der Empfang war triumphal, sogar der Taxifahrer kannte den Namen Freud. Und in England lebte bereits sein Halbbruder, der um die Jahrhundertwende ausgewandert war, dort lebten seine älteste Tochter Mathilde und sein jüngster Sohn Ernst Ludwig, die schon in den frühen dreißiger Jahren vor den Nazis geflohen waren; dorthin kamen auch sein Sohn Martin und der Enkel Walter. Und 1938, in jenem letzten Jahr seines Lebens, pilgerten unter anderem Stefan Zweig, H. G. Wells, Virginia Woolf, Salvador Dalí und Yvette Guilbert in das Haus Maresfield Gardens 20, eine unscheinbare neogotische Backsteinvilla, die Ernst Ludwig Freud, der Architekt, für den Vater umgebaut hatte. Heute ist dort das Freud-Museum.

Es ist die Geschichte der Freud-Familie auch die Geschichte dieses Jahrhunderts, dessen Denken er bestimmt hatte, bis er, wie so viele, ein Opfer dieser Geschichte wurde. Vier von Freuds Schwestern starben im KZ. Und von seinen Kindern wußten sich nicht alle in der Emigration so einzurichten wie Anna, die Erbwalterin, wie Ernst, der auch in England Erfolg hatte als Architekt, der ohnehin als das »Glückskind« der Familie galt.

Sigmund Freud war, so wenigstens haben die Kinder und Zeitzeugen ihn beschrieben, ein liebevoller Vater, vermutlich haben seine Kritiker inzwischen auch dies widerlegt. Eine bürgerliche Jugend in Wien, ein bißchen liberaler vielleicht, so hat Martin Freud jene Zeit in seinem Erinnerungsbuch an den Vater, »Glory reflected«, beschrieben; für Disziplin sorgte die Mutter, die Sommerferien, drei Monate manchmal, verbrachten sie in Altaussee oder Berchtesgaden. In seinen Briefen an den Freund der früheren Jahre, Wilhelm Fliess, berichtet Freud von den Fortschritten der Kinder, gibt ausführliche Bulletins ihrer Krankheiten, einmal schreibt er: »Es wäre viel Freude von den Kleinen zu haben, wenn nicht soviel Schrecken dabei wäre.«

Ein wenig beunruhigt schreibt er von erotischen Träumen über seine älteste Tochter Mathilde: Damals, 1897, arbeitete er gerade an der »Ätiologie der Hysterie«, seiner ursprünglichen Theorie von verführten und mißbrauchten Kindern, die er später widerlegte, was ihm die Kritiker bis heute vorwerfen, als Feigheit ansehen. Daß er stets auch die eigene Geschichte und die der Familie benutzte, daraus hat er nie ein Hehl gemacht.

Mathilde, die häufig krank war, die sich unattraktiv fand neben der jüngeren Schwester Sophie, heiratete 1908 den zwölf Jahre älteren Wiener Geschäftsmann Robert Hollitscher. Von ihr, die 1978 in London starb, sind wenig Spuren, keine öffentlichen, zu finden. Und auch nicht von Oliver, dem mittleren Sohn und anderen Sorgenkind: Nach dem Ersten Weltkrieg, er war wie seine Brüder Soldat gewesen, litt er, so Freud, »unter neurotischen Schwierigkeiten – er braucht aktive Therapie«.

Sophie, die mittlere Tochter, der Liebling Freuds, »seine teure, blühende Sophie«, war mit 27 an einer Lungenentzündung gestorben, kurz nach dem Krieg; noch 1933 zeigte er einer seiner Patientinnen, der Dichterin Hilda Doolittle (H. D.), ein Medaillon, das er an einer Uhrkette trug, zur Erinnerung an Sophie. Noch mehr als um sie – es war damals, nach dem Krieg, kaum Zeit zu trauern – trauerte er um seinen Enkel Heinerle, seinen ersten Enkel, dessen Geburt er mit dem seltsamen Satz »Erstaunen vor den Wundern der Sexualität« begrüßt hatte. Sophie Halberstadts erster Sohn starb, kurz nach ihr, an Tuberkulose: »Seither mag ich die Enkel nicht mehr – und auch das Leben nicht.«

Es ist viel spekuliert worden, warum unter seinen Söhnen keiner sein Nachfolger wurde: daß Freud sich vor der Entmachtung durch die Söhne fürchtete. Martin Freud, der älteste, der dichterisch begabte, wurde Anwalt und Leiter des Psychoanalytischen Verlags, ein Charmeur und Frauenheld; mit einer Patientin des Vaters soll er lange Zeit ein Verhältnis gehabt haben. Seine Frau Ernestine hat später einmal der Tochter gegenüber behauptet, Freud, der Asket, habe die Sexualität an diesen Sohn delegiert. Aber da war sie schon lange von ihm getrennt, im Krieg ging die Familie auseinander, Martin mit dem Sohn Walter nach England, Ernestine mit der Tochter Sophie nach Amerika, wo sie Karriere machte als Logopädin; eine ehrgeizige, auch ein wenig bittere Frau, die ihrer ebenso ehrgeizigen Tochter vorwarf, sie habe das »berühmte Freudsche steinharte Herz« geerbt.

Sophie Freud, die Psychotherapeutin und Dozentin für

Sozialarbeit an einem College wurde, hat in dem Buch »Meine drei Mütter«, einer Sammlung von Aufsätzen, teils autobiographisch, teils fachlich, über den Vater geschrieben, daß sie nach dem Krieg ihr Lunchgeld sparte, um ihm Lebensmittelpakete zu schicken. Er beklagte sich über die salzige Wurst. Irgendwann hörte sie auf, ihm zu schreiben, sie hatte die »Cordelia lange genug gespielt«.

Später, lange nach dem Tod des Vaters, suchte sie die Nähe der Tante, Anna Freud, vielleicht war das auch ein nachgetragener Versöhnungswunsch. Über Anna Freud, die Lieblingstochter, die Erbin, die Pflegerin, die Stellvertreterin des Vaters, seine »Anna-Antigone«, wie er sie einmal nannte (»Was an mir noch erfreulich ist, heißt Anna«), ist ja fast alles bekannt; über die Analyse beim Vater, die regelwidrige, nur daß es damals noch keine solchen Orthodoxien gab; über ihre Arbeit als Kinderanalytikerin; die Gründung der Hampstead War Nursery, für Kriegswaisen und Kinder aus den KZs, aus der später die Hampstead Clinic entstand, ebenda in Maresfield Gardens, wo sie ihr ganzes Leben verbrachte, mit ihrer Gefährtin Dorothy Burlingham.

Die Tiffany-Erbin, die in ihrer Jugend lebte wie eine von Edith Whartons Heldinnen, hatte erst nach ihrer Heirat erfahren, daß ihr Mann manisch-depressiv war; später hat er sich aus einem Fenster gestürzt. Ihre vier Kinder brachte Dorothy Burlingham nach Wien zu Anna Freud, die beiden Ältesten hatten Asthma und blieben bei ihr in Therapie, noch nachdem die Mutter, selbst zur Kinderanalytikerin ausgebildet, mit Anna schon zusammenlebte. Der älteste Sohn, Robert, starb an einem Infarkt in der Wohnung der Mutter und der Analytikerin, die Schwester Mabbie brachte sich mit Tabletten um. Aber das ist eine andere Familiengeschichte dieses Jahrhunderts.

Anna Freud, so heißt es, ließ sich, als es ans Sterben ging, in den »riesigen« Lodenmantel ihres Vaters hüllen. Es scheint allenthalben jene mythische Urgeschichte, welche die Psychoanalyse zu rekonstruieren versucht, in der Familiengeschichte der Freuds wiederzukehren: Man muß sich in der Tat vor Spekulationen hüten.

Ernst Ludwig Freud, der Vater von Stephen, Lucian und Clement, war ein Schüler von Adolf Loos, durchschnittlich, sogar überdurchschnittlich begabt, doch mehr ein Eklektizist und nie wirklich berühmt, auch weil er vor allem Privathäuser baute, solide Häuser für eine wohlhabende Klientel, darunter den einen oder anderen Patienten des Vaters. Er heiratete eine Altphilologiestudentin aus reicher Kaufmannsfamilie, Lucie Brasch, die von allen Lux genannt wurde, sie hatten in Berlin ein Haus am Tiergarten, dort soll Sigmund Freud Albert Einstein kennengelernt haben.

In einem seiner seltenen Interviews erzählte Lucian Freud, 1922 geboren, der mittlere Sohn, daß ihm der Großvater bei Besuchen in Berlin oder Wien neben Spielsachen auch einmal Breughel-Drucke geschenkt habe: »Er war ungewöhnlich nett.« Es war ein Skandal, ein kleiner, daß Lucian der Beerdigung seines Großvaters fernblieb. Nur benahm er sich auch sonst, wie es einem Enfant terrible gebührt. »Dieses wilde Tier ist mein Sohn«, stellte der Vater ihn einem Gast vor. Später hat Lucian Freud sogar seine Kunstschule angezündet, weil er rauchte im Bett.

Im Haus der Freuds lebte damals der Dichter Stephen Spender, und in dessen Zeitschrift »Horizon« erschienen die ersten Zeichnungen Lucian Freuds, seine erste Ausstellung hatte er mit 22 und galt dann gleich als Wunderkind. Seine ganz frühen Bilder erinnern noch an die Jugend in Deutschland, sind beeinflußt von der Neuen Sachlichkeit; und er spricht noch immer mit schwerem, deutschem Akzent, seine Handschrift soll wie die eines zehnjährigen Kindes sein. In den Bildern aus den frühen Fünfzigern neigte er zeitweise zum Surrealismus. Erst nach der Trennung von seiner zweiten Frau, Caroline Blackwood, soll er seinen Stil geändert haben; seine Bilder seien kälter, brutaler geworden, all das, was man heute als typisch Lucian Freud ansieht.

Aber das ist vielleicht auch nur eine jener Legenden, die sich um einen ranken, der einerseits ein Eremit und manischer Arbeiter und andererseits ein Casanova ist oder wohl mehr ein Don Juan, außerdem ein Spieler, der mit dem Freund Francis Bacon sein Geld auf Rennbahnen verwettete oder im Casino. Als die Ehe mit Kitty Garman, der Tochter von Großbritanniens damals berühmtestem Bildhauer, Jacob Epstein, zerbrach, ging er mit Caroline Blackwood nach Paris, einer Guinness-Erbin, die später auch Schriftstellerin war und verheiratet unter anderem mit dem Dichter Robert Lowell; eine Alma Mahler ihrer Zeit nannten manche sie. Suzy Boyt war eine Kunststudentin, als Freud sie kennenlernte, eine Weile verlief seine Beziehung mit Bernadine Coverley wohl parallel, und dazu gab es vermutlich noch einige andere, Unbekannte und Society-Damen. Die Liste seiner Eroberungen lese sich wie ein Auszug aus dem Adelskalender, behauptet man.

Die meisten hat er gemalt. Aber nur wenige dieser Porträts tragen die Namen des Modells, obwohl seine Bilder, wie er sagt, nur in Zusammenarbeit mit den Modellen entstehen konnten, die er, den Baron Thyssen etwa oder den Transvestiten Leigh Bowery, zu jeder Tages- und Nachtzeit bestellte, in anstrengende Posen zwang, in endlos langen Sitzungen.

Auf den wenigsten seiner Bilder gibt es Außenwelt, dafür immer wieder das Atelier, ein paar Lumpen in der Ecke, den Diwan, und manche dieser Bilder scheinen fast voyeuristisch, weil darin die Nacktheit durch keine Illusion gemildert scheint: Falten, Hautflecken, Fett, Muskeln, bläuliche Venen auf aschgrauer Haut. Bilder von Vergänglichkeit und Isolation: Bella und Esther aneinandergeschmiegt, und einander dennoch ganz fremd; Rose mit gespreizten Schenkeln, muskulös, bedrohlich.

Auf einem seiner berühmtesten Selbstporträts ist der Maler nackt, ein alternder Satyr in schweren Schuhen, die ihn auf dem Boden zu halten scheinen. Beinahe zärtliche Bilder aber hat er – der »besessenste Maler des Fleisches«, wie ihn ein Kritiker einmal nannte – von seiner Mutter Lucie Brasch gemalt. Sie hatte erst 1972 begonnen, ihm Modell zu sitzen, nach dem Tod von Ernst Ludwig Freud, nachdem sie einen Selbstmordversuch unternommen hatte; ihre Schwägerin Anna rettete sie damals. Er hat sie, die er »Mutti« nannte, unter anderem in einem Sessel gemalt, dahinter auf dem Diwan eine Nackte: »Large Interior W.9«. Fast so etwas wie eine ironische Anspielung auf die Psychoanalyse, von der er wenig hält: »der Dauer eines Lebens unangemessen«. Als Kind, hat Lucian Freud einmal gesagt, habe er sich immer vorgestellt, Waise zu sein. Obwohl er eine wirklich glückliche Kindheit hatte.

»Meinem Vater Modell zu sitzen, war die beste Möglichkeit, ihn zu sehen«, sagte Bella Freud. »Und ich mag es, ein Teil seines Werks zu sein.« Und Rose Boyt spottet ein wenig: »Es ist unglaublich anstrengend, für ihn zu sitzen, rein physisch.« Und spannt den Rücken, sie sitzt ihm gerade wieder Modell.

Rose Boyt, die geizt mit privaten Details – ja, als Kind war sie mit der Mutter auf Reisen, sie ist früh ausgezogen, eine Weile hat sie als Türsteherin in einer Disco gearbeitet –, beschreibt in »Sexual Intercourse« eine seltsame, fast unheimliche Vater-Tochter-Beziehung: Die junge Isobel lebt allein mit ihrem Vater, dem sie beinahe inzestuös zugetan ist: »Isobel umarmte den Kopf ihres Vaters. Sie schlang die Arme um ihn und sprach leise auf ihn ein. Aus den zusammengekniffenen Augen und dem schlaffen Mund quoll Feuchtigkeit, die ihre trockenen Finger überzog. Sein Bart war naß. Ihr Vater stöhnte. Sie liebkoste ihn, und sein Kopf wurde unter ihren Händen still und ruhig.« Nur verhält sich der Vater meist eher gleichgültig gegen die Tochter, und manchmal verzieht sie sich tagelang, ohne zu essen, ins Bett.

In der zweiten Erzählung, »Rose«, stellt der Liebhaber der Mutter, ein Kapitän, ein Deutscher, der am liebsten Eier, roh, mitsamt Schale, ißt, der Titelheldin nach, nicht ganz so offensichtlich dem kleinen Mädchen, ganz unverhohlen, als dieses in die Pubertät kommt. Aber es sind weniger die Geschichten, so plakativ, als wolle sie die Lehren ihres Urgroßvaters illustrieren, als vielmehr die Details, die Rose Boyts Erzählungen das Bedrohliche, das Unheimliche vermitteln: die Beschreibung abgenagter, noch von Fett triefender Hühnerknochen; von Aalen, bevor sie gekocht werden, und immer glitschen sie vom Tisch. »Es müßte gelingen«, sagt sie beim Lunch im »Museum Café«, gleich hinter dem British Museum, »es müßte gelingen, nur die Oberfläche der Dinge zu beschreiben.« Schreibend Lucian Freuds Ästhetik zu wiederholen: »Die Leinwand soll Haut werden«, hat er einmal gesagt.

Und die zurückhaltende Susie stimmte ihr zu. Auch sie hat, in ihrer Erzählung, jenen genauen, scharfen Blick, allerdings mehr für die komischeren, gelegentlich auch absurden Details. Und zumeist, da das Buch nun einmal von der Sucht nach Essen und nach Liebe handelt, sind es kulinarische Details. Das Mädchen Janey hat den Vater, einen Entertainer in Music Halls, mit zwölf verloren, aus Trauer muß Janey Essen in sich hineinstopfen und sich in die falschen Männer verlieben. Das alles ist sehr leicht und sehr ironisch erzählt, und keiner sollte aus einer Eßstörung Rückschlüsse ziehen: »Daran leiden fast alle Pubertierenden«, doziert Rose Boyt; und vor allem ist es eine sehr englische Krankheit.

Und wollte man doch den Verdacht auf Autobiographisches gelten lassen, zumal für »Rose«, so ist dies ja auch die Erzählung einer vielleicht nicht ganz typischen, doch nicht völlig ungewöhnlichen Jugend: mit einer chaotischen Mutter, die stets mit Geldsorgen zu kämpfen hat, und die Heldin klaut ihr gelegentlich Barbiturate, trinkt in den Pubs ein bißchen zu viel, aber das war manchmal so zu Beginn der siebziger Jahre. »Und Rose war ein Punk«, sagt Bella, die eine Zeitlang mit ihr zusammenwohnte, »sehr Avantgarde, das war ja überhaupt das erste Mal, daß Teenager die wichtigsten Personen der Welt waren, die interessantesten«.

Bella war mit sechzehn vom Land, irgendwo in Sussex, wo sie mit ihrer Mutter, Schwester und dem Halbbruder Noah und eine Weile auch mit dessen Vater und seinen drei Kindern lebte und wo sie, wie Esther, eine Rudolf-Steiner-Schule besucht hatte, nach London gegangen. Sie schnitt sich die Haare kurz, fiel in einem Club Vivienne Westwood auf und arbeitete ein paar Monate in deren Laden.

Als Kinder waren Esther und sie mit der Mutter eine Weile in Marokko gewesen, »nicht ganz zwei Jahre«, das war die Hippie-Zeit, »und vielleicht hatten wir, genau wie Rose, keine sehr konventionelle Kindheit, aber eine aufregende, man mußte ziemlich mutig sein«. In Esthers Roman »Hideous Kinky« geht eine solche Hippie-Mutter mit ihren beiden vier- und sechsjährigen Töchtern nach Marokko, die zwei genießen das eher, nur manchmal sehnen sie sich nach Cornflakes zum Frühstück, »jeden Morgen Cornflakes«, das wäre das Glück. Die Ältere, die als einzige arabisch lernt, liebt vor allem ihre Schuluniform, die Jüngere liebt den Freund der Mutter, einen jungen Araber, und wünscht sich, daß er ihr Vater sei, der wirkliche Vater schickt Geld, zu selten; also betteln sie auch.

»Die Einzelheiten habe ich sicherlich übernommen, aber die Geschichte, das ist doch eine allgemeine Familiengeschichte«, sagt Esther, und Familiengeschichten, das

Thema hat sie immer fasziniert. Also ist vieles wahr an dieser Geschichte: daß Bella in Uniformen verliebt war und auch daß sie stets die ein wenig Mutigere war, »aber Esther hat mir zum Einschlafen Geschichten erzählt«. Damals hatte Esther Lese- und Schreibschwierigkeiten, es gibt ein Bild von ihr: Unter lauter nackten Hippie-Kindern steht sie da im Faltenrock, mit geputzten Schuhen. »Man kann irgendwann die Obsession entwickeln, normal zu sein«, sagt Bella.

Mit achtzehn hatte sie die Punk-Phase hinter sich und verliebte sich in einen Prinzen, einen dieser wirklichen Playboys, die es damals noch gab, und ging mit ihm nach Rom, wo sie eine Modeschule besuchte. Als sie zurückkehrte, arbeitete sie wieder für Vivienne Westwood, diesmal als Assistentin, bis dann zunächst eine Strickwaren-, schließlich 1993 eine große Kollektion herausbrachte.

»Cartoon chic« nennt Bella ihren Stil, kleine Kostüme, manchmal ein wenig uniformähnlich oder wie bei den klassischen Franzosen, »eine Mischung aus Saint-Laurent und englischem Dandy für Barbie-Puppen«, aber stets ist etwas Ironisches dabei. Und so ironisch und leicht und charmant sind auch Esthers traurige kleine Geschichten. Die Schwestern waren sich stets sehr nah: »›The Black Sisters‹ nannten sie uns eine Weile, weil wir so anders aussahen«; und irgendwie sind sie noch immer so etwas wie eine »Gesellschaft zur gegenseitigen Bewunderung, ich stand nie in Bellas Schatten, eher in ihrem Rampenlicht.« Mit sechzehn ging Esther auf eine Schauspielschule, später bekam sie häufig Kinderrollen und gründete mit einer

Kollegin zusammen eine eigene Truppe, »The Norfolk Broads«.

Davon erzählt ihr zweites Buch, »Peerless Flats«. Das Mädchen Lisa, der Halbbruder Max und die Mutter leben in einer Sozialwohnung, und Lisa fährt durch London, mit der U-Bahn, mit dem Bus, wo sie sich für zwölf ausgibt, in Pubs, wo sie sich für achtzehn ausgibt, oder in die Schauspielschule. Manchmal trifft sie den Vater, einen Spieler, der ihr hundert Pfund schenkt, wovon sie sich Schuhe kauft; oder er lädt sie in Restaurants ein, Austern sind ihr zuwider. Und irgendwann wird sie von der Angst befallen, jemand könne ihr, die schon alle Drogen genommen hat, eine Droge oder Gift in den Drink schütten, und kurz danach hört sie auf zu essen. Aber am Ende zieht die Familie in eine neue Wohung.

Sigmund Freud, der über den Künstler nicht viel Kluges zu sagen hatte, weil ihm die Kunst mehr oder weniger bloß aus der Neurose entsprang, hat den Begriff des »Familienromans« gefunden für jenes Phantasiespiel, dem Kinder in der schwierigen Phase der seelischen Ablösung von den Eltern sich hingeben: da sie sich ausmalen nicht das Kind ihrer Eltern zu sein, sondern Sohn oder Tochter einer großen Persönlichkeit, eines Magnaten oder Königs. Er sah darin »eine der notwendigsten, aber auch schmerzlichsten Leistungen der Entwicklung« und gab dem Familienroman eine so universale Bedeutung, daß er ihn als Basis aller Romane, aller Erzählkultur bezeichnete.

Inzwischen hat Esther, »beinahe«, das Haus gefunden, von dem ihre Heldin träumt, bunt und lustig eingerichtet, mit vielen Bildern; und ein Kind hat sie auch. Und ihren dritten Roman fertig, wieder eine Familiengeschichte, über die Familie ihres Vaters, nein, nicht die Freuds, »die andere Seite«, die von ihrer Großmutter Lucie Brasch. »Gaglow« heißt das Buch. Und auf einem der neuesten Bilder von Lucian Freud ist Bella zu sehen, in dunklem Pullover, dunkler Hose, auf einem Sessel, die Hände entspannt im Schoß. Die meiste Zeit habe er vor ihr gekniet während des Malens, sagt Lucian Freud, und die Hosenbeine habe er ein wenig weiter gemalt, »so sieht es modischer aus«.

Eine schrecklich nette Familie.

SEXUELLER DSCHUNGEL

Die Geliebte

Allein das Wort hat einen altmodischen Klang. Geheimnis und Verrat hört man darin, eben all das, was zur Liebe auch gehört, auch ihre Vergänglichkeit. Und nach Vergangenem klingt ja das ganze Wort, ein Ehrentitel im Grunde. Statt dessen führen nur noch eifersüchtige Ehefrauen und ältere Herren und all diejenigen, die von derlei Charakterschwächen profitieren, es im Munde oder auf den Titeln ihrer Magazine, Reporte und Ratgeber. Es ist dies Wort – auch Wörter haben ihre Zeit – ein Anachronismus, wie die Person selber, die es bezeichnet, ein Geschöpf eigentlich früherer Jahrhunderte, nur daß sie heutzutage betrogen ist um deren Annehmlichkeiten, eine Figur aus Romanen und charmanten kleinen Novellen, nur lebt sie diesen Roman noch immer, und es handelt sich dabei um die reinste Kolportage.

Natürlich wird die Geliebte – zu Anfang sind ja alle Geschichten einzigartig – dies bestreiten und auf ihrem reinen Gefühl beharren. Aber an irgendeinem Punkt der Affäre wird sie feststellen, daß in der Tat sie die Betrogene ist, betrogen nicht nur um dies Gefühl, sondern um ihre Geschichte: Sie ist eine Wiederholungstäterin, mag ihr all dies auch zum erstenmal widerfahren.

Es ist ja nicht allein, daß sie noch einmal durchleben

muß, was so viele ihr schon vorausgelebt haben; es gibt darin natürlich auch im Laufe der Zeit Variationen. Welcher Ehemann wagte heute noch, einer potentiellen Geliebten sich zu nähern mit der Phrase, daß seine Ehe nur mehr auf dem Papier bestünde. Heutzutage gestehen sie von Anfang an, daß sie an einer Veränderung ihrer Verhältnisse keineswegs interessiert seien. Später wird daraus ein immer wiederkehrender Vorwurf gegen die Geliebte.

Nein, das eigentlich Anachronistische ihrer Erscheinung ist, daß ihre Existenz unmittelbar an die Existenz von Tabus geknüpft schien. Aber da es derlei Tabus nicht mehr gibt – die Scheidung ist inzwischen ja der Normalfall –, hat die Geliebte ihre Daseinsberechtigung eingebüßt, die soziale zumindest, die nicht nur der Unauflöslichkeit der Ehe sich verdankte, sondern auch der Einhaltung gewisser gesellschaftlicher Regeln; es gibt diese wohl noch immer, nur daß das Tabu nun der Geliebten selber gilt, einer Person, die es nicht mehr geben dürfte.

Es fanden sich ja, daran erst läßt sich das Elend heutiger Geliebter ermessen, ihre Vorgängerinnen wenigstens in der Lage, daß ihnen, und keineswegs nur den professionellen unter ihnen, ein gesellschaftlicher Status gesichert war, ein machtvoller sogar in früheren Jahrhunderten. Später mochte ihre Herrschaft heimlicher sein, was ihren Wert und ihre Wirkung nicht geringer erscheinen ließ; zumindest ihr kultureller Einfluß war unbestritten.

Das gilt nicht nur für jene verklärten Mätressen in ihren Salons, auch für deren traurigere Nachfahrinnen, die Grisetten und süßen Mädels; sie brachten immerhin noch ganze Zweige von Kunst und Literatur zur Blüte. Einstmals war die Geliebte eine Institution, und sie blieb es noch eine Weile, nachdem der Wert der Ehe nicht mehr allein in ökonomischen oder sozialen Vorteilen bemessen werden sollte, zumindest blieb sie es in jenen Gesellschaften, in denen Formen noch etwas galten. Vielleicht war ihr auch darum in Deutschland, wo alles auf das Innen ankam, nie jene Karriere beschieden, die sie in Frankreich oder Italien noch immer erleben kann.

Natürlich waren da jene tragischeren Fälle, die beklagenswerten Geschöpfe, die, weil ihr sozialer Stand dies verhinderte, nichts anderes erhoffen durften, als eine Weile ausgehalten und am Ende mit einem Handschuhladen abgefunden zu werden. Und natürlich wagte niemand mehr, von der Geliebten zu sprechen, ohne zugleich auf ihre Ausbeutung hinzudeuten, mochte diese auch durchaus, für eine Zeitlang wenigstens, wechselseitig sein.

Aber wer zweifelte nicht gelegentlich, ob ein wirklicher Fortschritt in Liebesdingen möglich sei? Und ist denn eine Institution so gänzlich verdammenswert, in der nicht nur die ewige Zerrissenheit aufs schönste gebändigt schien, nicht nur die der Männer, zwischen ihrer Verpflichtung auf die Monogamie und ihrer Neigung? Es stünde doch, so heißt es bei Guy de Maupassant, der immerhin sein halbes Schreibleben eben diesem Thema widmete, jemand, der sein Leben lang mit einer (es gilt dies, er sagt es ausdrücklich, übrigens auch von den Frauen) sich begnügte, genauso außerhalb der Naturgesetze wie jemand, der sich nur von Salat ernährte.

Und es sind jene alten, schon einmal für tot erklärten Begriffe von Leidenschaft und Hingabe und Schuld ja noch immer ganz lebendig, allen Experimenten zum Trotz, und ein Irrglaube ist, daß eine ordentliche Verteilung der Rollen mit einer Einbuße an Freiheit unweigerlich einherginge. Das Gegenteil ist wohl manchmal der Fall.

Nun aber scheint auch noch der gnädige Ausweg der Lüge – die Ehemänner haben ihn sich wohl immer zu bewahren versucht, das aber büßen sie mit den Klagen ihrer Geliebten – in dem Maße versperrt, in dem die einst gelobte Offenheit sich als nicht praktikabel erwiesen hat. In diesem Dilemma, unter dem Diktat der Freiheit und Freiwilligkeit, siecht die Geliebte dahin: Sie hatte ja immer die Wahl, einerseits. Andererseits entsteht in ihr die Erkenntnis, daß Irrationalität vielleicht mehr als nur ein Zeichen von schlechtem Geschmack sein könnte.

Traute sie nur ihrem Gefühl. Statt dessen aber wird sie, als sei ihre Lage nicht schon mißlich genug, weil sie unter all den verfügbaren Männern ausgerechnet den einen sich ausgesucht hat, über den sie nur eingeschränkt verfügen kann, schon bald nach Rechtfertigungen suchen, daß sie sich aus freien Stücken in diese Lage begeben hat – in eine Lage, die nicht nur dem geltenden Konsens in der Liebe und ihren eigenen Ideen davon widersprechen muß, sondern auch der Idee von Emanzipation und schwesterlicher Solidarität und all den Regeln korrekten Verhaltens.

Wenn sie am Anfang noch der Vorteile sich versichern wollte, daß es an besserer Gelegenheit gerade wieder einmal mangelte und sie an einer dauerhaften Bindung ohnehin nicht interessiert sei, am Ende wird sie nur mehr auf die Nachteile sich besinnen, jenen einen vor allem, daß sie sich ihrer Freiheit beraubt hat, um in erzwungener Passivität sich dieser Selbstbeschränkung ständig inne zu werden.

In solcher Lage sucht die Geliebte das Klischee, sie zieht es geradezu an; und schon bald wird es ihr Denken vollkommen absorbieren, jenes eigentliche Zerrbild wirklicher Liebeskultur, auf das sie sich kapriziert, das Wäschermädel; darauf, daß sie im Grunde eine Unterlegene ist, zweitrangig, die Frau, die nicht geheiratet wird. Und nicht einmal von den zumindest ökonomischen Vorteilen ihres unseligen Beispiels kann sie profitieren, weil sie, eine berufstätige Frau in der Regel, darauf bestehen wird, ihre Reisen selber zu zahlen, solange sie dies kann. Es ist sogar der Fall überliefert, daß eine Geliebte dem Liebhaber ihre Kreditkarte zur Verfügung stellte, um die Antifaltencreme für seine Ehefrau zu kaufen.

Wer achtete noch hoch genug, daß zumindest das Ideal der Liebe mit der Geliebten fortlebt? Sie tut es selber am allerwenigsten. Für die Frauen eine Bedrohung, für die Männer, wenngleich der Liebhaber einer gewissen, neidvollen Anerkennung sich erfreuen darf, nicht minder; ein Sicherheitsrisiko, wird sie nicht zu schätzen wissen, was ihre Existenz eigentlich begehrenswert machte: daß sie, für Augenblicke wenigstens, die Ahnung der Liebe erfuhr.

Und es gibt doch kein anderes Glück als für den Augenblick, und keinen dankbareren Liebhaber als den Ehemann, der sich, soeben den Fesseln der Gewohnheit entronnen, doch ebenso gewiß, daß sie getreulich auf ihn warten, der Illusion der Freiwilligkeit hingibt. Aber all das gilt ihr nichts, all das wird sie vergessen haben, sobald sie nur noch das eine Ziel im Auge hat, daß sie, was ihr als Beweis der Liebe erscheint, die einzige und er ihr Eigentum werde.

Dann aber hat die Agonie der Geliebten begonnen. Gelegentlich mag ihr noch dämmern, daß ihr Fall nichts anderes sei als die gewöhnliche Aporie der Liebe, ihre Vergänglichkeit und das Streben nach Ewigkeit. Doch keine größere Meisterin der Spekulation gibt es als die Geliebte, die einmal entschlossen ist, sich selber abzuschaffen. All ihr Denken drängt danach, Beweise zu erlangen für das Eintreten der letzten Möglichkeit, und – eben noch entschieden, nie mehr zu fragen – wird sie in der nächsten Minute Bekenntnisse von ihm fordern.

Ohnehin dient ihr alles nur mehr zum Zeichen: Wenn er heute eine Stunde länger geblieben oder wenn er sich früher als gewöhnlich verabschiedet. Vielleicht, daß auch er nicht mehr die ständigen Abschiede ertrüge; wenn er gestern müde war, dann ja nur wegen ihrer Klagen, weil er vielleicht auch mehr Zeit brauchte. Sie wird geduldiger sein, sie schwört es sich. Aber eigentlich hat er schon viel zu lange gezögert, denn feige ist er wie alle; nie mehr wird sie ihn also anrufen, vermissen soll er sie. Doch wie lange es wohl dauert, bis man jemanden vermißt? Also kann sie auch gleich anrufen.

Manchmal denkt sie auch an die Ehefrau. Natürlich würde ihr nie widerfahren, was der anderen gerade angetan wird. Wie kommt die eigentlich dazu, einem den Mann wegnehmen zu wollen? Im schlimmsten Fall wird es gelingen, daß wieder einmal aus einer Geliebten eine Ehefrau wird.

Carbonara

Als der Anruf kam, am Nachmittag, hatte sich, was sie ihre Nudelneurose nannte, zu einer Phobie gesteigert. Es gab Phobien, die waren statthaft, gesellschaftsfähig, Angst vor Spinnen, oder wenn einer Herzbeklemmungen bekam im Fahrstuhl, Burt Reynolds konnte sich, er spielte in dem Film einen verlassenen Ehemann, aus diesem Grunde eine Plastiktüte über den Kopf stülpen, ein allerdings, Hyperventilationen waren ihr vertraut, wenig adäquates Mittel, wie ihr schien; sie selber war auch schon, wenngleich mehr aus Solidarität mit der Freundin, die sich ekelte vor Nagern und allem Verhuschten, in einem Lokal auf den Stuhl gestiegen angesichts einer mutmaßlichen Maus. Wie aber konnte sie einem völlig Fremden, gut, sie hatten sich geküßt, am Abend zuvor, in einem Taxi, einem Fremden also, den sie überdies attraktiv oder wenigstens interessant zu finden entschlossen war, erklären, daß ihr, eine Geschichte, die man allenfalls Loriot zutraute und den fand sie nie besonders komisch, der Anblick von Nudeln unerträglich war, verhaßt von jenem Moment an, da ein zur Fülle neigender, in seinen Kreisen nicht unbekannter Kunstkritiker, er hatte ihr soeben noch den Goldenen Schnitt erklärt, vor ihren Augen begann, seine Spaghetti zu zerschneiden, nein, eigentlich zu zermalmen, zwischen

Löffel und Gabel zu zermahlen, um sie sodann mit Hilfe des ersteren Geräts in den Mund zu schieben, wobei seine ohnehin lächerliche Oberlippe gänzlich verschwand, einen Haufen weißlicher Maden, am liebsten aß er sie nämlich alla carbonara, in einen lippenlosen Schlund.

Wie sollte sie dies erklären, zumal sie mit dem Kritiker seit zwei Jahren zusammenlebte, wer ißt schon täglich Nudeln, nun allerdings, in zwei Tagen, ausziehen würde aus der gemeinsamen Wohnung? »Wollen wir uns in der nächsten Woche auf eine Nudel treffen?« hatte der Manager, sie wagte es noch nicht, ihn anders denn bei seiner Berufsbezeichnung zu nennen, sie am Abend gefragt und wiederholte nun am Telefon jene Frage, in aller Unschuld, hätte sie annehmen mögen, wenn ihr, und hoffentlich auch ihm, nicht gerade daran am allerwenigsten gelegen wäre; andererseits konnte man auch kaum vermuten, daß in jener Frage eine Anspielung auf die Mutzenbacher sich verbarg, was sie wiederum, beim Stande ihrer Bekanntschaft, für eine Unverschämtheit hätte halten müssen.

»Ja, gerne, wann und wo wollen wir uns denn treffen?«

»Wir sagen doch vielleicht eher du, nachdem ...« Sie hatten sich bei der Abschiedsparty eines Kollegen kennengelernt, der nach New York gehen würde, weshalb nun alle Spareribs und Maiskolben essen sollten; getroffen hatte sie ihn nämlich schon früher, zum erstenmal vor einem Jahr in Berlin, auf dem Flughafen, wo sie sich, wegen des Golfkriegs waren zwei Maschinen ausgefallen, seit Stunden in einer Ecke der Lounge mit einem schweren Kater herumschlug, eine Hamburger Anwältin hatte sie gleichwohl erkannt und ihr den Manager vorgestellt sowie eine weibliche Person, die in engerem Verhältnis zu ihm zu stehen schien, was sich leicht übersehen ließ, da sie kaum 1,40 Meter erreichte und diese unter einem Kunstpelz verschwanden.

Nicht daß er sich ihr damals schon näherte, er hatte sich lediglich neben sie gesetzt im fast leeren Flugzeug, und als er es dann tat, ihr näher kommen wollte, auf einer Party in Frankfurt, war sie wiederum betrunken gewesen, und wenn sie betrunken war, hatte sie Prinzipien; gestern nun, die 1,40 Meter seiner Begleitung waren einmal kurz, am frühen Nachmittag, unter dem Bauchnabel eines habichtgesichtigen Fernsehmoderators aufgetaucht und dann verschwunden, hatte er ihr vorgeschlagen, sich gelegentlich, bei einer Nudel, über ihre beruflichen Pläne zu unterhalten, es war seit längerem bekannt, daß sie ihren Job wechseln wollte; ihrem Begleiter aber, es handelte sich immer noch um den Kunstkritiker, hatte er Hilfe und Rat angetragen, sollte dieser, was unbedingt erforderlich, seine gesammelten Kritiken einem Buch zuführen. Im Taxi, der Kritiker hatte sich schon früher verabschieden müssen, zu einem für ihn veranstalteten Geburtstagsessen, verlor sie einen Ohrring, ein Geschenk ihres Noch-Lebensgefährten, und ihr gerötetes Kinn erklärte sie diesem später glaubhaft mit einer Lebensmittelallergie, vielleicht habe sie aus Versehen eine Karotte gegessen.

»Entscheiden Sie, pardon, entscheide du doch, wo wir hingehen, es fällt mir immer so schwer, solche Entscheidungen zu treffen.«

Wie käme man überhaupt dazu, jede Blöße, die man sich erspart, ist zwar auch noch kein Zeichen von Größe, aber,

»nein, zu Massimo gehe ich nicht so gerne«. Unlängst hatte sie dort jede Vorspeise einzeln, ein Dutzend Vorspeisen hintereinander essen müssen, vier Scheibchen Rettich-Carpaccio, ein Paprikafiletchen, Dreierlei, und das war wörtlich gemeint, von Pilzen, um halb zwei war das Ganze vorbei, und es reichte gerade noch zu einem Kuß unter der Haustür, und selbst da hatte sie an nichts anderes denken können als an Eisenten-Brüstchen und Ochsenlende im Schweinesäckchen. »Also gut, Mittwoch, den Elften, gegen neun, im Nirwana.«

Vermutlich neigte er zu Kompromissen, im Nirwana aß man Pizza à la Spago oder Rinderstreifen mit Zitronengras aus dem Wok, kein Mann, der wirklich Entscheidungen treffen konnte. Gelegentlich hatte sie schon einmal daran gedacht, einer Illustrierten eine Typologie vorzuschlagen, sage mir, ach, wie originell, was er ißt... Der orale Typ (sind sie das nicht alle?): Er geht am liebsten zum Mexikaner, wo er die Tortilla so lange zwischen seinen Fingern knetet und quetscht, bis von allen Seiten und besonders um seine Mundpartie die Soße tropft. Wenn Sie zu denjenigen gehören, die noch immer glauben, daß ein Männerkopf zwischen Ihren Beinen nichts Ungewöhnliches ist, greifen Sie zu. Sollten Sie aber, wie wir, der Ansicht sein, daß dies der letzte Ort ist, an dem er etwas zu suchen hat, bestellen Sie augenblicklich die Rechnung. Essen Sie niemals Zunge in seiner Gegenwart! Auch vom Besuch eines Steakhauses raten wir ab, es sei denn, Sie sind der Opfertyp und kommen erst richtig auf Ihre Kosten, wenn sein Messer in blutiges Fleisch fährt. Hüten Sie sich vor Chinesen, es könnte sein, daß er gesottene Entenfüße bestellt...

Irgendwann war sie einem Fußfetischisten begegnet, um die Wahrheit zu sagen, er war identisch mit dem Nudeln massakrierenden Kritiker, einmal hatte sie ihm sogar erlaubt, ihr die Füße zu küssen, aber was tut man nicht alles, um jener Wesen willen, die so schwer zu kriegen und so leicht zu verlieren sind, vielleicht neigte sie auch zu Selbstmitleid, wieso auch nicht, wenn man sich jeden Morgen in Stöckelschuhe zwang, sechs Wochen hintereinander, und sechs Wochen lang durch sämtliche Restaurants der Stadt, und in diesen Wochen hatte sie alle schlechten Filme gesehen, und sie wußte schon, daß er seine Mutter »Mäuschen« nannte, und jeden Morgen, bevor sie ins Büro ging, wohin sie damals noch öfter ging, konnte sie im Spiegel jene blassen Wülste, madig, hätte sie beinahe gesagt, betrachten, die, von Strumpfbändern quadratiert, über den Rand der Strümpfe quollen und, wenn ihr Blick nach unten wanderte, schwarze Stummel, die sich allenfalls den abgebundenen Füßen der Chinesinnen früherer Jahrhunderte vergleichen ließen.

Bis dann, es war ein Sonntag, und der Film, den sie gerade gesehen hatten, hieß »Sie leben« und war von John Carpenter, und schwarze Sonnenbrillen spielten darin eine Rolle, am liebsten hätte sie eine solche selber getragen und ständig, eine Ganzgesichtsbrille, bis dann an jenem Sonntag, es war beim Libanesen, und das einzig Gewisse, das sich über den Inhalt der Schüsseln vor ihnen sagen ließ, war, daß es um Knoblauch sich handelte, ja, bis jener Ausdruck in seine Augen trat, den sie immer, auch nach sechswöchiger Abstinenz, erkennen würde: »Wollen wir nicht lieber gleich zahlen?«

Das Taxi war dann ganz schnell da, und der Ausdruck überstand auch noch, penetrant war er beinahe, die 15minütige Fahrt, 15 Minuten, in denen sie sich immer wieder vorstellen mußte, wie sie aussähe, wenn all das Fleisch plötzlich befreit wäre von der Korsage, sie hatte rote Knöpfe und ging später wie alle Kleidungsstücke jener Periode glücklicherweise auf einem Flug nach Klagenfurt verloren; damals, im Taxi aber mußte sie immer an eine Novelle von Maupassant denken, die sie einmal gelesen hatte, »Fettklößchen«, sie hatten sich dann noch auf dem Teppich gewälzt, der war taubenblau. Und dann war er plötzlich aufgestanden: »Du, ich glaube, mir wird schlecht.« Zwei Monate später zog sie bei ihm ein. Sie hatte sich, wenn es denn wahr sein sollte, daß Liebe durch den Magen geht, schon länger daran gewöhnt, daß in ihrem Falle es sich um ein Geschwür handeln mußte.

Manchmal, in den Tagen vor jenem Mittwoch, versuchte sie, ihren Freundinnen ihr Leid zu klagen, aber Anna, die stets von sich behauptete, in ihrem Leben habe es überhaupt nur fünf Männer gegeben, hatte wenig Zeit, sie war zum Essen eingeladen, »in ein sehr gutes, sehr teures Restaurant«. Eva riet davon ab, die Wohnung zu renovieren und das Bett neu zu beziehen, weil dies nur Erwartungen, eigene, schürte oder, im Falle eines Erfolgs, solche überhaupt erst schuf, auf der Gegenseite, wobei sie sich nicht recht einigen konnten, worin ein Erfolg eigentlich bestünde. »Finde dich doch endlich damit ab, daß jene Wesen zu einem fremden Stamm gehören, und ein Essen ist nichts anderes als ein Initiationsritual.«

Vielleicht war sie die einzige, die solch unerklärliche

Furcht vor diesen Abenden empfand, sie nannte sie Premieren, und manchmal konnte eine Premiere auch um sechs Wochen, letztlich waren es sogar acht Wochen, verschoben werden. Vielleicht hatte jene Freundin ja vollkommen recht, die ihr versicherte, daß es wirklich schwierig erst beim dritten oder vierten Essen werde. »Ich fange dann an, mich zu langweilen, am ersten Abend aber genieße ich es, mich zu schminken, mich zu kleiden, ich inszeniere den Abend, man testet an diesen Abend seinen Marktwert. Und man entscheidet erst drei Minuten, bevor die Rechnung kommt, wie es weitergeht und ob es überhaupt weitergeht.« Dabei bebte ihr Doppelkinn, und sie räkelte sich noch einmal auf der Récamière, bevor sie mit einem Brotklumpen die letzten Reste der Soße vom Teller wischte: »Vielleicht ist dein Problem ja, daß du zu hungrig bist, du bist in deiner Kindheit einfach nicht satt geworden.«

Sie hätte ihr nun, wenn sie nicht schon länger beschlossen hätte, diese Freundin künftig nur mehr zu ihren Bekannten zu rechnen, erklären können, daß auch sie durchaus etwas verstand von Inszenierungen. Erst kürzlich war sie mit einem Fernsehregisseur verabredet gewesen, der, bekannt für seine sensiblen Klassiker-Adaptionen, sie dadurch beeindruckt hatte, daß er sie um fünf Uhr früh zu Champagner einlud, den er zuvor in einer Nachtkneipe erwarb. Der Champagner war süß, aber sie hätte nie wieder einen anderen trinken mögen, um so mehr fürchtete sie sich, als sie sich ein paar Tage später treffen sollten in einem gerade eröffneten Restaurant, gewiß würde es eines jener Lokale sein, in deren Licht man immer leicht vergilbt wirkte, es stand ja die Häufigkeit der Restaurantbesuche seit längerem in einem direkt proportionalen Verhältnis zu den Jahren, in die man gekommen war, was auch für die jeweiligen Begleiter galt, nur daß diesen die Beleuchtung nie etwas anzuhaben schien. Wovor sie sich jedoch am meisten fürchtete, war, daß das Gespräch erstarren, ersterben würde, sie hatte seit Jahren kein Theater mehr besucht und nur Bücher gelesen, die sie rezensieren mußte, ins Kino ging sie gelegentlich, um mitreden zu können, am häufigsten sah sie noch fern, vor allem, ihrer Schlafstörungen wegen, zwischen vier und sieben Uhr morgens. Aber dann hatten sie viel gelacht, an diesem Abend, weil der Koch, ein verhinderter Künstler, Speisen in Stilleben verwandelte, weshalb sie den Flußkrebs im Gemüsebett gar nicht erst essen mußte, sie hatten dafür gesorgt, daß ihr Aufbruch nicht unbemerkt blieb, und danach noch eine Flasche Wein in einer Kneipe getrunken. Das dürfte doch für eine gelungene Inszenierung gelten, nur hielt sie, seit sie über Thomas Manns Frühwerk promoviert hatte, wenig von Kunst um der Kunst willen. Gelegentlich tranken sie jetzt Tee miteinander.

Im Grunde kam es, an solchen Abenden, doch gar nicht auf Art und Inhalt der Konversation an, nur darauf, daß man die richtigen Fragen stellte und die richtigen Antworten wußte. Fragen Sie also niemals: »Gehen wir nachher ins Bett miteinander? Leben Sie/lebst du allein? Was für ein Verhältnis haben Sie/hast du zu Ihrer/deiner Mutter?« Die korrekte Frage muß stets lauten: »Haben Sie/hast du den neuen Film von Altman/Godard/Scorsese gesehen?« Sollte er darauf etwas anderes antworten als: »Ja, ein

Meisterwerk«, lassen Sie sich nicht entmutigen, er gehört zu den Schwierigen. »Aber die Szene, in der Tim Robbins als Polizist den Hund seiner Kinder aussetzt, ist doch wirklich verstörend/rührend/erschreckend?« Sollte er dies bejahen, so heißt dies, daß er entweder verheiratet ist oder tierlieb, in beiden Fällen bedeutet es, »wir gehen zu mir«, denn haben Sie schon einmal eine Katzenallergie gehabt? Die Atemnot ist nicht das Schlimmste, aber nach kurzer Zeit werden Sie übersät sein von roten Pusteln. Im übrigen empfiehlt es sich, weder zu wenig zu essen, er könnte Sie dann für eine zaghafte Zicke halten, noch zuviel, oder wie wollen Sie ihm erklären, daß Sie sich dem Bett, in dem er schon wartet, im Rückwärtsgang nähern? Wenn Sie vor Ihrer Verabredung noch ein paar Tage Zeit haben, machen Sie eine Diät, und vergessen Sie nie, für Männer gelten all diese Regeln nicht.

Sie kam eine halbe Stunde zu spät ins Nirwana, zuvor hatte sie noch eine Party besuchen müssen und Wein getrunken. »Alkohol lockert, aber bleiben Sie maßvoll«, was sie nicht daran hinderte, vor dem Essen noch einen Whiskey mit ihm zu trinken, wobei sie ihn ein wenig verachten konnte, daß er den seinen mit Eis und Soda bestellte. »Vielleicht suchst du mir einfach etwas aus, du weißt, mir fallen diese Entscheidungen so schwer.« Er hatte ihren letzten Artikel gelesen, und sie einigten sich darauf, daß sie sich lieber in New York als in Wien aufhielten und daß sie eigentlich viel lieber Hamburger aßen als all jene modischen Sachen, weshalb sie, gewissermaßen zur Bekräftigung, ein wenig lustlos in ihren Noodles à la Mr. Chow zu stochern wagte, aus denen sich die Karottenschnitzel nur unter größeren Mühen und mit sicherer Hand entfernen ließen. Vielleicht, sie wüßte es nicht mehr gewiß zu sagen, redeten sie danach über Bücher, er hielt wenig von den in der Regel unverkäuflichen Autoren, über die sie damals schrieb, sie warf ihm vor: »Du bist ein Händler.« Schon damals, wenigstens behauptete sie das später, glaubte sie, erkannt zu haben, daß er zu jener raren Spezies von Männern gehörte, die wußten, was sie wollten. Er fand dafür später die Formel: »Klappt es, und wenn es klappt, klappt es?«

In der Bar, in die sie anschließend gingen, gestanden sie einander, daß sie sich verliebt hatten, gleichwohl wunderte sie sich ein wenig, als sie am Morgen in braune Augen blickte, die ihr sehr sanft schienen, sie war kurzsichtig und ohne Kontaktlinsen beinahe blind, und eine etwas angerauhte Stimme ihr sagte: »Du wolltest mich ja noch unbedingt verknuspern.« Ihren Freundinnen erklärte sie, daß ein zu heftiges Gefühl bei ihr zu Gedächtnisverlust führe. Es war bekannt, daß sie sich an die ersten zehn Jahre ihres Lebens nicht erinnerte. »Es handelt sich um eine Amnesie, die auftritt, wenn ich mich verliebe.«

Beim nächsten Mal gingen sie zum Italiener, sie aß Spaghetti all'arrabbiata, kurz darauf gestand sie ihm, daß sie sich nichts sehnlicher wünsche, als nachts, im Bett, Nudeln zu essen, woraufhin er, sie wußte, daß er ein guter Koch war, sie mit drei Fertigpackungen besuchte, Tortellini mit Steinpilzen, nach einer Woche mußten sie die Packungen auf den Müll werfen, inzwischen hatte sie herausgefunden, daß er seine Mutter »Maus« nannte und daß jener Zwerg im Kunstfell seine Ehefrau war. Neben ihrem Bett lag nun immer eine Packung Magentabletten.

Nackt unter Kleidern

Die Mode ist der beste Teil des Vorspiels. Kein Werbestratege oder Dessousverkäufer hat sich dies erdacht, das Wort stammt von dem Mode-Philosophen Richard Martin, der auch die Mode-Abteilung des New Yorker Metropolitan-Museums leitet. Und ergänzt hat er, daß Mode Macht signalisiere, die zum Sex ja auch gehört, manchen ersetzt sie ihn voll und ganz; aber jedenfalls benötigen Männer zu diesem Zweck einen Anzug, den Frauen genügt ein Mini-Rock. Das ist, so Martin, »die wunderbare Rache der Frauen«.

Nur daß so ein Mini-Rock doch nie genügt, stets hat man drei, vier, viele im Schrank und dazu Blusen, Pullover, Jacken, Kleider. Und wenngleich man aus dem Alter längst hinaus ist, da man den Moden hinterherläuft, mit den Männern ist das noch etwas anders. Weswegen man vor Premieren, denen im Theater und den eher privaten, viel selteneren, da man mit dem Vorspiel sich nicht begnügen wollte, stets die Qual der Wahl hat.

Wer zählte die Stunden, vorm Spiegel verbracht, und sollte man nun das rote Kostüm... zu tief dekolletiert, er könnte einen für gierig halten; also doch das graue hochgeschlossene? Aber prüde darf man auch nicht sein, am Ende nennt er einen Mausi, und niemals Rüschenblusen tragen! Welcher Mann hat schon Lust sich da hindurchzuarbeiten, um am Ende vorzufinden, was er am meisten fürchtet, ein Nichts. Also doch das Blaue? Zu kurz, und es kommt ja auf die richtige Länge alles an, nicht nur bei den Männern.

Vielleicht gibt es sie sogar, die Glücklicheren unter den Frauen, die Narziß gleich oder Woody Allen (»Onanie ist Sex mit einem geliebten Wesen«), jene Stunden sogar zu genießen wüßten, ganz allein mit ihrem Spiegel; ohnehin wird dem Vorspiel viel zuviel Wert beigemessen, vor allem von Männern. Aber was spräche eigentlich dagegen, einfach loszuziehen und sich den passenden Mann zum Kleid zu suchen? Erstens das Alter, es ist ja eine fromme Lüge, daß es darauf in der Erotik nicht ankäme. Und zweitens die Männer. Weil man bei den Männern viel zu selten die Wahl hat.

Und weil Männer niemals zu wählen wissen. Die meisten wüßten nicht einmal auf die Frage nach ihren Präferenzen, den modisch-erotischen, zu antworten, sie sind ja so schüchtern oder zu faul. Auf Stöckelschuhe stehen fast alle und die meisten auf Schwarz, drunter oder drüber; Elvis Presley mochte am liebsten weiße Baumwollunterhosen, und Martin Walser mag Rothaarige in Glockenröcken. Aber, viel schlimmer noch, in diesen Zeiten, da auf nichts Verlaß ist, handelt es sich bei dem Typ im Zweireiher im Zweifelsfall um eine Frau, und wer heutzutage noch auf Stöckelschuhen steht, ist fast immer ein Kerl; nur ist auch daraus keine Regel zu gewinnen: Kleider machen Leute, Männer darum noch nicht.

Die modischen Verirrungen, diese Gleichung wenigstens läßt sich aufstellen, verhalten sich inzwischen direkt proportional zu den erotischen Verwirrungen. Früher konnte man sich unter seinen Schulterpolstern ausruhen, heute geh'n wir androgyn. Nur glauben manche Männer noch immer an Busenwunder, also den Wonderbra nicht verbrennen!

Wie war es doch ehedem in jenen Zeiten so bequem, da die Farbe des Schnupftuchs die erotischen Neigungen seines Trägers signalisierte und die Wünsche einer Dame sich aus der Plazierung ihres Schönheitsflecks, der mouche, erraten ließen. Früher, früher einmal gab es eine Etikette, in der Mode wie in der Erotik. Heute gibt es Cindy Crawford, die hat ein Muttermal, und Richard Gere ist ins Kloster gegangen.

Nun ist die ganze Geschichte von Mode und Erotik ohnehin eine höchst verschlungene, ein eindeutiges Muster gar nicht zu erkennen. Weil einerseits Mode der Erotik dient, darin sind sich ihre Jünger und ihre Kritiker einig, die klerikalen von Anfang an und später auch die eher liberalen. Manche halten dies sogar, vor der Schutzfunktion und ihren Leistungen hinsichtlich des Schamgefühls, für ihren einzigen Zweck. Zumal wenn es um die Damenkleidung geht, welche, so der Sittengeschichtler Eduard Fuchs, zum obersten und fast ausschließlichen Sinn »die pointierte Herausarbeitung der erotischen Reizwirkungen des weiblichen Körpers« habe. Die Kleidung der Frau sei also ein »erotisches Problem«, und »dieser Satz müßte bei jeder Geschichte der Mode obenan stehen«. Die Männer hatten einstmals noch andere Waffen, an denen sie, wenngleich sie stumpfer geworden sind, bis heute festzuhalten versuchen; dafür betrügen ihre Gattinnen sie dann mit dem Fitneß-Trainer, früher einmal war es der Reitlehrer.

Wenn Mode nun, wie ein anderer Modekenner einmal sagte, »die Art ist, wie wir Sexualität gesellschaftlich ausleben«, so ist doch auch die Erotik der Mode unterworfen. Stets mischen sich in die intime Begegnung zweier Menschen die störenden äußeren Verhältnisse, als da sind Herkunft und Erziehung und Status, von den ökonomischen Verhältnissen gar nicht zu reden. Und vor der Geschichte tritt die Gleichung zwischen Mode und Erotik sofort wieder außer Kraft, weil sich aus den modischen Ausschweifungen oder dem, was wir Heutigen dafür zu halten pflegen, auf die erotischen noch lange nicht schließen läßt. Es wüßte ja, über den Augenblick hinaus, da er dies empfunden, kaum einer genau zu sagen, was für ihn erotisch ist, hingegen in der Mode doch zumindest einige, wenn auch stets wechselnde Gesetze zu erkennen sind.

Ihr Entstehen wird gemeinhin aufs Mittelalter datiert, da in der Folge der Kreuzzüge fremde Einflüsse und Eindrücke die herkömmliche Tracht veränderten, auch wurden die Kleider körperbetonter. Nicht daß es vorher nicht auch schon Mode und Modeschöpfer gab: »Deine Wangen mit den Kettchen, dein Hals mit den Perlenschnüren. Wir wollen dir goldene Kettchen machen mit kleinen silbernen Kugeln«, heißt es im Hohelied Salomos. Aber jene ausgiebige und umfassende Beschäftigung mit der Bekleidung, die den Namen Mode verdient, sie setzte wohl in der Tat erst im 13. und 14. Jahrhundert ein, und es begannen sogleich die Männer, die Frauen viel weniger, mit jenen Tollheiten und Ausschreitungen, als welche man heutzutage die Schnabelschuhe ansieht, die Poulaines, so lang und spitz, daß sie das Schreiten ihrem Träger geradezu unmöglich machten.

Wenig später kam auch das Codpiece in Mode, jene Ausbeulung in der Hose, farblich meist vom Rest abgesetzt, zu deren Formvollendung manch armer Hase seine Pfote zu opfern hatte. Phallischer Exhibitionismus, hört man da die Psychologen schreien, nur ist über die Art und Häufigkeit der Anwendung des derart dekorierten Teils viel weniger bekannt. Und was gar sollte man denken von den effeminierten Herren des Elisabethanischen Zeitalters in ihren engen Hosen, mit ihrem kurzen Wams? Was von den venezianischen Kurtisanen auf ihren Zoccoli, Plateauschuhen, so hoch, daß die Trägerin sich stützen lassen mußte von einer Zofe? Doch nur, daß sie ihre Kleidung vor Schmutz schützen wollten.

Es ist ja die Betonung der einen oder anderen Körperpartie noch kein Indiz für deren bevorzugten erotischen Einsatz oder für Fetischismus irgendwelcher Art. Denn wenn nun im 16. und 17. Jahrhundert und auch noch danach der korsettierte Körper der Frauen, zum Teil auch der Männer, die Taille betonte, wenn die Frauen den Busen hochschnürten und der Reifrock immer ausladendere Hüften vortäuschte: So machten es eben alle.

Vielleicht läßt dies allein von der Erotik sich feststellen, daß sie gerade an der Differenz sich entzündet, nicht nur jener in Zentimetern zu bemessenden. Aber es gibt auch, und so war es zu jenen Zeiten, Erotik als Spiel mit festgelegten Regeln, Spiel um Liebe und manchmal um des Spiels willen und sogar grausames Experiment. Stephen Frears' Verfilmung der »Gefährlichen Liebschaften« von Choderlos de Laclos beginnt damit, daß die Protagonisten, die Marquise de Merteuil und der Vicomte de Valmont, sich ankleiden und schminken, sich rüsten zum Kampf oder zur Liebe, was zuzeiten dasselbe war.

Stets bedarf Erotik der Maskerade, des Rollenspiels. Die Revolutionäre von 1789 schafften die kurzen Hosen, die Culottes, und das Korsett ab. Die Madame Tallien erschien einmal nur mit einem Tigerfell bekleidet in der Oper, die Hamelin spazierte nackt unter einem Gazeschleier durch die Parks. Die Damen des Thermidor, auch die weniger kühnen, trugen Musselinkleider, die sie triefnaß am Körper einlaufen ließen, manche Herren folgten ihrem Beispiel, die Tuberkulosefälle nahmen zu, aber vor allem war Mode für die Merveilleuses und ihre männlichen Pendants, die Incroyables, später würde man sie Gecken nennen, auch ein ironisches Spiel, sie nahmen es nicht nur in Kauf ausgelacht zu werden, sie legten es darauf an. Auch die Nacktheit kann zur Maske werden.

Die Revolutionärinnen von 1968 verbrannten ihre BHs, als Insignien sexueller Repression durch die Männer, und übten sich in der »freien Liebe«, allein das Wort klingt nach Komödie, was bedeutete, daß man betrog und wieder betrogen wurde und manchmal nur das Pech hatte, daß es einen ernsthaft erwischte. Inzwischen sind die Heroen von einst verheiratet und betrügen ihre Frauen oder auch nicht, aber wenn, dann ganz heimlich.

Und irgendwann kamen dann die Korsetts wieder in Mode, sogar die strengsten Feministinnen griffen zum Stöckelschuh, man könnte sie ja, die Männer, die nicht ausrottbaren, darunter zertreten wie kleine lästige Wanzen, wenigstens kann man sich das vorstellen; und nichts glich dem Genuß, da man sich zum erstenmal rote Pumps kaufte, die Absätze waren zwölf Zentimeter hoch. Anders als die feministische verstand die Homosexuellen-Bewegung von Anfang an, daß es in der Erotik auf Stil, auf Maskerade ankommt.

Vielleicht daß in jenen Zeiten, da für die Frauen noch alles darauf ankam, den richtigen Mann zu finden, den einen, der über den richtigen Status und das richtige Vermögen verfügte, und für die Männer, eine Mutter für die Kinder und eine halbwegs vorzeigbare Haushälterin sich zu erwerben, vielleicht daß damals der ganze Aufputz noch einen rechten Sinn und Zweck hatte, nicht unbedingt einen erotischen. Überhaupt wurden die neuesten Moden von Kurtisanen erfunden, dann ahmten die bürgerlichen Damen sie nach, die Engländerinnen kauften ihre Kleider in Paris und warteten ein Jahr, bis sie diese trugen.

»Das Weib«, schrieb vor gut hundert Jahren der Philosoph und Satiriker Friedrich Theodor Vischer, »das Weib – will hier sagen, das Mädchen – ist in einer üblen Lage … sie will einen Mann, das ist doch wahrhaftig in der Ordnung, ist Naturordnung und sittliche Ordnung. Werben darf sie nicht. Sie muß sich finden lassen.« Und was dem Philosophen wider alle Vernunft erscheint, die hochgetürmten Frisuren der Damen, die immer ausladenderen Tournures, all das Absurde, Groteske, das die Mode hervorbringt, es diente doch nur dem einen Zweck, aufzufallen, auf sich aufmerksam zu machen.

Die Mode lebt von den Übertreibungen, weil sie einerseits den Nachahmungstrieb zu befriedigen hat und andererseits das Bedürfnis nach Differenzierung; keine sollte, so Vischer, »die Frechheit haben, sich von allen anderen dadurch zu unterscheiden, daß sie nicht frech einhergeht«, wenn die Mode dies nun einmal verlangte, nur ein wenig übertrumpfen dürfe sie die anderen.

Was nun ihre Kritiker, auch die wohlgesonneren, seit ehedem gegen die Mode ausspielten, das sind die Natur und die Vernunft, die zeitweise für Synonyme galten. Nur daß die eine wie die andere der Erotik fremd ist. Von der Vernunft muß man hier gar nicht reden, weil sie einen direkten Gegensatz zur Erotik bildet, die sich gerade wider alle Vernunft entzündet, die das Tabu liebt und keine Gesetze kennt. Jedenfalls scheinen, erotisch besehen, jene Frauen vernünftiger, die das um 1900 aufgekommene Gesundheitskorsett sogleich dahin abwandelten, sich die damals begehrte S-Silhouette zu verschaffen, als jene ihrer Schwestern, die sich ins Reformkleid hüllten. Und die Natur? Die Natur hat die Fortpflanzung vorgesehen, doch wie es dazu kommt, daß es dazu und überhaupt zu etwas kommt, das gehört seit jenen Zeiten, da unsere Vorfahren nackt oder im Bärenfell herumliefen, zu den ewigen Rätseln – nun eben der Natur.

Und der Kritiker Vischer, der sich empörte über den Zynismus der Mode, die halbentblößte junge Damen auf Bällen dem »Bocksgemecker« aussetzte, »in Kleidern nackt, warum nicht lieber ganz nackt, jenes ist pikanter, dies wäre unschuldiger«: Er irrt auch darin, weil die Unschuld zwar von Reiz sein kann, doch nur für gewisse Zeiten und für gewisse Herren für den einen Augenblick, da man die Frauen um diese Unschuld bringen kann. Aber auch weil derart öffentliche Zurschaustellung des scheinbar Intimen, wenn denn alle sie treiben, ganz und gar unschuldig scheint.

»Viele Frauen«, schreibt Georg Simmel, »würden sich genieren, in ihrem Wohnzimmer oder vor einem einzelnen, fremden Mann so dekolletiert zu erscheinen, wie sie es in der Gesellschaft, in der als solcher die Mode dominiert, vor dreißig oder hundert tun.« Von manchen Völkern, und man kennt das vom Nacktbadestrand, ist überliefert, daß sie gerade bekleidet sich schämen.

Selbst die viktorianische Lady konnte Dekolleté zeigen, weil der öffentliche Körper mit dem privaten nichts zu tun hatte. Und um 1890 kam sogar die Mode des piercing auf, vornehme Damen ließen sich, zu heimlichem Vergnügen, die Brustwarzen durchstechen.

Im übrigen bekamen die meisten Ehemäner jener Zeit ihre Frauen niemals bei Licht zu sehen, wie die Natur sie schuf, das blieb den Zofen vorbehalten. Und noch heute gleicht doch nichts wiederum so sehr jener Furcht vor dem Augenblick, da man zum erstenmal voreinander sich auszuziehen hat. Weshalb es immer empfehlenswert ist, sich die Kleider, die Dessous zumal, vom Leibe reißen zu lassen; allerdings sollte man, so man nicht künftighin zur Monogamie entschlossen ist, für so ein Spitzenhöschen möglichst nicht mehr als zweihundert Mark ausgeben.

Die Kleidung, hat ein Psychologe einmal gesagt, ist ein »ständiges Erröten auf dem Angesicht des Menschen«. Und von Hegel stammt der Satz, daß es immer noch besser sei, von der Mode abhängig zu sein als von der Natur. Als die

Natur im 18. Jahrhundert in Mode kam, mit Schäferspielen und ähnlichem, schmückte sich die Königin Marie-Antoinette einmal den Kopf – nicht daß sie ihn darum verlor – mit einer Artischocke, einem Kohl und einem Bund Radieschen, das sei »natürlicher« als Blumen, bemerkte eine Hofdame. Vielleicht läßt dies wenigstens als eines der Gesetze von Mode und Erotik sich aufstellen, daß die Kleidung gewissermaßen der Komparativ der Nacktheit sei. Oder wie ein anderer Modephilosoph, Slavoj Zizek, einmal gesagt hat: »Nackt ist man nur unter seinen Kleidern.«

Charles Baudelaire, der ein »Loblied auf die Schminke« schrieb, ging so weit, die Mode als »ein Zeichen des Strebens zum Idealen« zu betrachten. Und »welcher Dichter würde wagen, wenn sein Blick sich an der Erscheinung einer Schönheit voll Genuß entzündet, das Weib von seinem Gewande zu trennen? Wo ist der Mann, der auf der Straße, im Theater, im Park sich nicht in völlig absichtsloser Weise an einer geschickt zusammengestellten Toilette erfreut und von ihrer Trägerin ein untrennbares Bild mit sich heimgenommen hätte? Aus beidem, Frau und Kleid, entstand ihm so eine nicht zu zerlegende Einheit.«

Andererseits, so heißt es bei Adorno, wird »Phantasie entflammt von Frauen, denen Phantasie gerade abgeht«, von dem kleinen Mädchen im Fetzenkleid. Was übrigens genauso für die Frauen gilt, die für einen Wildhüter sich erhitzen oder neuerlich für den Fischer im Netzhemd. Und Männer behaupten stets, daß sie gerade jene Frauen mit einem kleinen Makel erotisch fänden. Jedenfalls verraten die jeweils herrschenden Schönheitsideale, in der Mode verewigt, wenig über erotische Ideale, von »unwahrscheinlichen Beauties«, schrieb Gottfried Benn, »über ihre Hingabe kann man sich ja nicht erlauben nachzudenken.« Aber sind die langen Beine von Claudia Schiffer oder Naomi Campbell erotisch? Die meisten Männer betteten sich lieber am Busen der Veronica Ferres.

Viel öfter ja scheint erotisch, was den Moden gerade widerspricht, weil Erotik aus der Dialektik von Verhüllen und Entblößen entsteht; eine Weile galten so die Arme für besonders erotisch, eine Dame zeigte sie nicht in der Öffentlichkeit. Männer zeigten sie noch viel weniger, auch weil sie Angst hatten, nicht muskulös genug zu sein an den rechten Stellen. Und auf noch viel längere Zeit waren die Beine der am besten verhüllte Teil der Frau: Als einer königlichen Braut ein Paar Seidenstrümpfe zur Hochzeit überreicht wurden, mußte sich der Schenkende tadeln lassen: »Die Königin von England hat keine Beine.« Viel später war es beinahe ein Skandal, als Marlene Dietrich in »Morokko« die Schuhe abwarf, um Gary Cooper in die Wüste zu folgen; als Ava Gardner als »Barfüßige Gräfin« tat, was die Rolle von ihr verlangte, und in »The River of no Return« Marilyn Monroe ihre roten Pumps für Robert Mitchum opferte. Und selbst als in den sechziger Jahren, in einem der damals modernen Sandalenfilme, die Loren, oder war es die Lollobrigida, es ihnen nachtaten, kam dies einem Tabubruch gleich; Füße waren die bestverhüllten Körperteile, weil unter Tanzschuhen und Pumps verborgen zu bleiben hatte, was diese im Lauf der Jahre Zehen und Fersen angetan hatten.

Aber nun, da alles erlaubt ist? Nur daß selten gefällt, was gestattet ist. Nicht daß es keine Tabus mehr gebe, sie werden nur nicht mehr so genannt, aber wenn man an einem Abend unter lauter Eis-Enten in ihren Jil-Sander-Anzügern die einzige wäre, die ausgeschnitten daherkommt: »Ja, ihr Kleid zeigt wieder alles außer Geschmack.« Oder unter den Versace-Jüngerinnen und ihren Escada-Nachahmerinnen die einzige in Schwarz, da müßte man ja Trauer tragen!

Und stets mangelte es den Männern ja an Mut, stets sind sie erotisch ungedeckte Schecks. Und selbst wenn man ihn denn einmal fände, den Busen-Fetischisten: Er schleppte einen in eine Armani-Boutique, damit man in der Umkleidekabine erlauschte: »Ihre Frau hat leider einen etwas zu breiten Rücken und zuviel Busen, dafür sind ihre Arme zu kurz.« Oder man schleppte sich selber, dem Fußfetischisten zuliebe, wochenlang auf zehn Zentimeter hohen Absätzen, in Strümpfen und Strapsen durch den Stadtpark, und dann schenkte er einem ein Paar Schuhe, schwarze Sandalen mit Blockabsätzen mit kleinen Ledersschuppen, wie denen eines Drachen. Und viel später bot er einen Scheck: »Wenn du nur einmal, nackt, auf Stöckelschuhen, vor mir auf und abliefst, ich schreibe dir jetzt einen Scheck aus, sagen wir, über fünfhundert.« »Willst du mich jetzt endgültig beleidigen?«

Niemand müßte sich heutzutage mehr nach der Mode richten, und jeden Abend könnte man sich in eine andere verwandeln, sogar die Männer, in der Mode wenigstens sind sie ein wenig kühner geworden, haben inzwischen begriffen, daß alles auf die Geschlechtermaske ankommt, auch sie gehen inzwischen ja auf den Strich der Moden statt in den Beate-Uhse-Laden. Aber wenn dann, statt der geliebten Stöckelschuhe, in allen Schuhläden nur mehr die Plateaus sich erheben, wenn allenthalben die Boutiquen mit Nabelfreiem einem auf den Bauchspeck rücken? Es bliebe einem sogar der Trost der Mode verwehrt, daß sie zum Ersatz für Erotik werde, jedes Kleid eine Rückversicherung gegen ein Zuwenig an Liebe und ein Versprechen auf Künftiges zugleich, auf das nie Dagewesene, das schon bald ein Noch nicht sein könnte, ein Wochenende an der See, ein Monat auf dem Lande, eine in roten Schuhen durchtanzte Nacht. Und auch wenn man nicht mehr zu den jugendlichen Naiven gehört und weiß, daß die meisten Versprechen leere sind: Emma Bovary mußte sich vergiften, aber vorher konnte sie wenigstens einkaufen.

Dafür hat man Erinnerungen. Was die Mode mit der Erotik gemein hat, das ist allein ihre Vergänglichkeit, ihre Flüchtigkeit. Jeder Kleiderschrank ein Erotikmuseum – hier das schwarze Korsett mit roten Knöpfen, damals wälzte man sich darin auf dem Teppich, bis er, es war der Fußfetischist, aufstand: »Du, ich glaub', mir wird schlecht«. Ein schwarzes Kleid, mit Spaghettiträgern, und nur für den einen wollte man es tragen, bis man es an seiner Ehefrau wiedersah. Und die roten Schuhe, drei, vier, viele Paare roter Schuhe.

Publikationsnachweis

Empty Bed Blues: Erstveröffentlichung
Saison auf Sylt: Erstveröffentlichung
Im Foyer: zuerst erschienen in der Süddeutschen Zeitung, 12. 8. 93
Nachmittag eines Föns: zuerst erschienen in DER SPIEGEL, 23. 7. 1995
Forever Young oder Die ewige Pupertät: zuerst erschienen in: »Längst fällig! 37 notwendige Verbote«, Kunstmann Verlag 1996
Golden Girlies: zuerst erschienen in DER SPIEGEL, 4. 12. 1995
Lesben und lesben lassen: zuerst erschienen in DER SPIEGEL, 29. 1. 1996
Die Mutter: zuerst erschienen in der Süddeutschen Zeitung, 13./14. 5. 1995
Die Midlife-Kreißis: zuerst erschienen in SPIEGEL EXTRA, Heft 5, Mai 1995
Der Freud-Clan: Erstveröffentlichung.
Die Geliebte: zuerst erschienen in der Süddeutschen Zeitung, 19. 1. 1994
Carbonara: zuerst erschienen in »Cotta's kulinarischer Almanach, 1995/96«
Nackt unter Kleidern: zuerst erschienen in SPIEGEL special, 9/1996